말씀의 향기 365

일러두기

이 책은 한글성경 번역본으로 〈개역개정〉을 사용했으며
일부 〈쉬운성경〉과 〈개역한글〉의 번역을 사용했습니다.

365 말씀의 향기

주님의 향기를 전하는 박광철 목사의 신앙 묵상

초판 1쇄 발행 2013년 12월 23일

지은이 박광철
펴낸이 한승수
펴낸곳 문예춘추사
편집 고은정 · 이다연
마케팅 이일권
디자인 김경년

등록번호 제300-1994-16
등록일자 1994년 1월 24일
주소 서울특별시 마포구 연남동 565-15 지남빌딩 309호
전화 02-338-0084
팩스 02-338-0087
E-mail moonchusa@naver.com

ISBN 978-89-7604-142-5 03230

※본서에 대한 번역 · 출판 · 판매 등의 모든 권한은 문예춘추사에 있습니다.
  또한 간단한 서평을 제외하고는, 문예춘추사의 서면 허락 없이 본서의 내용을
  인용 · 촬영 · 녹음 · 재편집하거나 전자문서 등으로 변환할 수 없습니다.

※책값은 뒤표지에 있습니다.
※잘못된 책은 구입처에서 교환해 드립니다.

주님의 향기를 전하는 박광철 목사의 신앙 묵상

말씀의 향기 365

박광철 지음

The Fragrance of the Word

주의 말씀은 내 발에 등이요
내 길에 빛이니이다.
(시편 119:105)

문예춘추사

| 들어가는 말 |

은혜의 가랑비에 젖는
매일이 되기를……

　제게는 결혼한 두 아들이 있습니다. 어느 날인가 두 아들과 며느리들이 매일 성경을 읽고 '경건의 시간Devotions, Quiet Time'을 갖는지 궁금해졌습니다.
　바쁜 자녀들을 위해 아침마다 짧은 글로 그들을 격려하고 '영적인 깨우침'도 나눠야겠다는 생각이 들었습니다. 큰며느리는 중국계 미국인이어서 영어로 써 보내야 했기에 매일 한국어와 영어로 묵상의 글을 쓰기 시작했습니다.
　얼마의 시간이 지나자 그 글을 더 많은 이들에게 전하는 것이 좋겠다는 의견이 있었습니다. 자녀들이 그들의 친구들에게 소개하고 또 그들이 주위의 지인들에게 소개하다 보니 이렇게 짧은 묵상의 글을 쓰기 시작한 것도 벌써 여러 해가 되었습니다.

　날마다 세계 곳곳에서 수많은 사건들이 발생하고 있습니다. 그런 사건들에서 성경적인 의미를 재발견하고 믿음의 사람들과 주님의 메시지를 나누고 싶었습니다. 요즘은 책보다는 스마트폰을 더 많이 보고 읽기 때문에 짧은 이메일 같은 글이 더 효과적이겠다 싶었습니다.

'가랑비에 옷 젖는 줄 모른다'는 옛말처럼 잠시나마 말씀을 묵상하는 가운데 하나님의 은혜가 소리 없는 가랑비처럼 그 마음에 스며들기를 바라는 마음에서 이 글을 계속해서 쓰고 있습니다.

제가 있는 이곳 미국과 사랑하는 조국인 한국, 그리고 세계 각처에 흩어져 있는 선교사들이 이 말씀의 향기를 읽고 위로와 격려와 도전을 받는다고 회신해 주고 있습니다.

앞으로도 이 향기를 그치지 않고 퍼뜨리기 원하며, 모든 독자들이 매일 '은혜의 가랑비'를 경험하기를 기대합니다.

2013년 11월
캘리포니아에서 박광철 드림

| 추천의 글 |

말씀을 묵상케 하는 힘

하루를 시작하면서 제일 먼저 읽게 되는 글이 박광철 목사님의 《말씀의 향기》다. 목사님께서 아침마다 전해 주시는 《말씀의 향기》는 새벽이슬처럼 살포시 내려와 혼곤한 잠에서 갓 깨어난 내 메마른 영혼을 적셔주는 이른 비와 같다. 복음으로 정제된 기지가 번득이는 문장으로 가득한 《말씀의 향기》는 일상 속에서 건져 올린 영성의 보고이다. 박광철 목사님은 우리가 살아가면서 일상의 풍경에서 쉽게 지나칠 수 있는 한순간이나 대상을 포착하여 그 속에 깃든 하나님의 뜻을 촌철살인의 언어로 풀어낸다. 간결하지만 긴 여운으로, 쉬운 언어 속 깊은 울림으로 영혼을 흔들어 깨워 일상 속, 하나님의 말씀을 묵상케 하는 힘이 문장마다 넘친다.

_**이상명 목사**(미주 장신대학교 총장)

| 추천의 글 |

주님을 만나는 축복의 통로

이민 목회사의 산 증인이시며 큰 어른이신 박 목사님께서 평생을 전념해 오신 말씀 사역과 복음 증거의 열매인《말씀의 향기》를 통해 많은 영혼들이 날마다 영적인 만나를 공급받고 하나님의 음성을 들으며 강건케 되기를 바랍니다.

매일 아침 신선한《말씀의 향기》를 애독하며 은혜와 도전을 받습니다. 이 생명의 말씀을 통해서 더 많은 분들이 날마다 주님을 만나는 축복의 통로가 되기를 소원합니다."

_**정승우 장로**(미주 충현선교교회)

The Scent of Gospel

1
January

너희는 여호와의 선하심을
맛보아 알지어다.
시 34:8

January. 1
아무것도 감출 수 없다

랜스 암스트롱은 더 이상 미국에서 최고의 자전거 선수가 아닙니다. 그가 어느 인터뷰를 통해 지난 일곱 번의 투르 드 프랑스에서 기록을 향상시키려고 약물 복용한 사실을 털어놓았기 때문입니다. 그는 죽음에 이르는 암을 앓고도 일곱 개의 메달을 따기 위해 돌아온 영웅이었지만 미국 반도핑기구(USADA)에서는 그의 모든 메달을 회수했습니다. 링컨은 이렇게 말했습니다. "잠시 모든 사람을 속일 수는 있다. 소수의 사람을 항상 속이는 것도 가능하다. 그렇지만 모든 사람을 항상 속일 수는 없다."

예수님은 이렇게 말씀하셨습니다.

"… 감추인 것이 드러나지 않을 것이 없고 숨은 것이 알려지지 않을 것이 없느니라"(마 10:26).

우리는 모두 그리스도의 심판대 앞에 설 것이며 거기서 일생 동안 행한 모든 것에 대해서 합당한 심판을 받을 것입니다(고후 5:10).

죄를 하나님께 자백하기를 주저하지 마세요. 숨은 죄를 용서받고 이 땅에서 사는 동안 양심의 자유를 누리십시오.

January. 2

무엇을 잃어버렸습니까

서울의 지하철에서 가장 많이 분실한 물품은 가방이라고 합니다. 분실물 중에 가장 많은 22.7퍼센트를 차지한 것이 가방이고, 전자제품이 22.1퍼센트로 두 번째, 나머지는 옷, 서류, 귀금속, 우산, 장갑 등입니다.

마찬가지로 많은 이들이 신앙생활을 하면서 여러 가지를 분실합니다.

다윗은 심각한 범죄를 저지른 후에 구원의 기쁨을 잃었습니다(시 51:12).

많은 이들이 이웃에게 복음을 전해야겠다는 영혼에 대한 열정을 잃었습니다.

어떤 이들은 구원의 확신을 잃어서 의심과 염려와 죽음의 두려움 가운데 삽니다.

또 더 많은 이들이 에베소 교회처럼 하나님께 대한 처음 사랑을 잃었습니다(계 2:4).

최근에 내가 뭘 잃었는지 확인하고 그것을 다시 찾아 주께서 나를 쓰시게 하십시오.

January. 3

어떤 연못이 되고 싶습니까

우리 교회 마당에는 두 개의 연못이 있습니다. 큰 연못에는 20여 마리의 작은 금붕어가 있고 물 순환기가 있어서 늘 깨끗합니다. 그런데 작은 연못의 물은 고여 있어서 물의 빛깔도 늘 검고 물고기도 없이 다만 죽은 낙엽과 벌레뿐입니다. 한 연못은 살아 있고 쓸모가 있는데 다른 연못은 죽어서 나쁜 냄새가 납니다.

이 두 연못을 통해서 그리스도인의 삶의 활력을 봅니다.

"허물로 죽은 우리를 그리스도와 함께 살리셨고"(엡 2:5).

당신은 아무 일도 하지 않는 죽은 연못과 같은가요?

아니면 살아 있고 쓸모 있는 연못과 같은가요?

하나님을 위해서 아무것도 하지 않는 죽은 연못과 같이 되지 말고 주를 열심히 섬기고 주께 충실한 살아 있는 연못이 되기 바랍니다.

January. 4
그것을 잃어버리면

매일 하나님과 나누는 조용한 시간을 잃어버리면 구원의 확신을 잃을 수도 있습니다.

구원의 확신을 잃으면 구원의 즐거움을 잃을 수 있습니다.

구원의 즐거움을 잃으면 마음에 감사를 잃을 수 있습니다.

마음에 감사를 잃으면 입에 찬송을 잃을 수 있습니다.

입에 찬송을 잃으면 얼굴에 광채를 잃을 수 있습니다.

얼굴에 광채를 잃으면 전도할 기회를 잃을 수 있습니다.

전도할 기회를 잃으면 삶의 의미와 목적을 잃을 수 있습니다.

무엇을 잃어버렸는지 되돌아 본 후 회개하여 다시 찾으십시오. 그리고 그와 함께 구원의 즐거움을 회복하십시오.

"주의 구원의 즐거움을 내게 회복시켜 주시고 자원하는 심령을 주사 나를 붙드소서"(시 51:12).

January. 5

교인입니까, 신자입니까

세상에 무신론자 교목(Atheist Chaplain)이 가능할까요?

스탠포드 대학교에서는 존이라는 목사를 무신론 교목으로 임명하고 신앙이 없는 학생들을 돕기로 했습니다. 그는 무신론자, 불가지론자, 인본주의 학생들이 종교적인 학생들과 똑같이 겪는 가족 중의 죽음과 질병의 문제, 인생의 의미를 찾는 일 등과 같은 문제를 돕는 일을 합니다. 그러나 하나님을 향한 믿음이 없는 무신론자가 삶의 참된 의미를 찾을 수 있을지 의문입니다.

우리 주변에는 교회 집사와 장로, 신학교 교수, 심지어 목사와 선교사들 중에도 무신론자들이 있습니다.

"선지자들이 말한 모든 것을 마음에 더디 믿는 자들이여"(눅 24:25).

주님은 예수님과 신지자들의 입을 통해 선하신 하나님의 말씀을 믿으라고 하셨습니다.

믿지 않는 교인으로 남지 말고 진실로 믿는 신자가 되십시오.

January. 6
행복하세요

늘 행복할 수 있는 몇 가지 방법을 제안합니다. 오늘부터 실천해 보시지 않겠습니까?

짜증내는 것을 그치세요. 인생이 공평하기를 기대하지 마세요.

노래하는 사람이 되세요. 즐거운 노래는 우리 삶의 그림을 밝게 해줍니다.

너그러운 사람이 되세요. 인색한 사람은 행복을 모릅니다.

모든 일에 감사하세요(살전 5:18). 감사는 우리를 큰 사람으로 만듭니다.

용서하세요. 용서는 어둠을 빛으로 바꿉니다.

참여하세요. 교회나 지역 활동에 참여해 보세요.

하나님을 믿는 사람이 되세요. 믿음은 자신감과 안정감을 줍니다.

기도하세요. 기도는 언제나 우리를 주님과 연결시킵니다.

제2의 연주자가 되세요. 1등은 언제나 한 사람뿐입니다.

그리고 이웃에게 미소를 잊지 마세요. 돈도 들지 않으면서 얻는 것이 많지요.

January. 7
하나님의 놀라운 전략

벼랑 끝 전술이란 자기에게 가장 유익한 결과를 얻으려고 어떤 상황을 재난의 가장자리까지 밀어붙이는 것입니다. 그렇게 함으로써 상대방이 뒤로 물러서게 하고 양보를 얻어 내려는 것인데 국제 정치와 군사전략에서 핵무기를 가지고 위협하는 경우를 말합니다.

북한은 지하 핵실험을 실시하고 핵확산금지조약을 어기면서 전 세계를 위협하고 있습니다.

사단도 성도들과 교회를 파괴하기 위해서 이와 같은 전술을 자주 사용합니다.

사단은 사고, 재난, 전쟁, 죽음 외에도 수많은 끔찍한 병균과 대리자들을 보내고 있습니다.

어떤 때는 광명의 천사처럼 꼬드기고, 어떤 때는 우는 사자처럼 위협합니다. 그렇다고 혼란에 빠지거나 놀라지 마십시오. 우리 주님은 훨씬 더 좋은 전략을 가지고 계십니다. 주님은 그를 사랑하는 자들을 위해서 모든 것을 아름답게 만드시기 때문에 사단의 벼랑 끝 전술도 완전히 분쇄하십니다.

January. 8

신선한 공기를 공급 받으세요

인구 700만 명이 거주하는 홍콩에서는 지독한 대기오염을 인식하여 비정부기관이 주도하는 '프레쉬 에어'(Fresh Air) 캠페인이 이어지고 있습니다. 중국에서는 대기오염이 악화되자 한 기업체가 신선한 공기를 캔 형태로 생산해서 2달러에 불티나게 팔고 있답니다.

수개월 전에 테네시 주의 한인교회에서 여러 차례 뜨거운 집회를 인도한 후에 인근 공원으로 산책을 나간 적이 있습니다. 나무가 울창하고 호수가 있는 공원에서 한 시간 정도 산책을 했더니 두통이 사라졌습니다.

신선한 공기가 치료제인 것이 틀림없습니다. 우리의 영혼도 신선한 공기가 필요합니다. 바로 성령입니다.

예수님의 제자들은 오순절에 성령의 충만함을 받고 완전히 새 사람으로 변했습니다(행 2:2-4).

성령은 하늘로부터 강하고 신선한 바람처럼 제자들 위에 임했습니다.

우리는 매일 성령의 새로운 충만이 필요합니다. 지속적으로 성령 충만을 받도록 계속 기도합시다!

January. 9
놀라운 치유자

벤덴이란 미국 군인은 2009년 이라크에서 중무장한 차량을 운전하고 있었는데 폭탄이 터지는 바람에 팔과 다리를 모두 잃었습니다. 그는 두 팔을 이식하는 흔치 않은 수술을 했는데 다섯 개 병원에서 13시간에 걸쳐 16명의 정형외과의와 혈관 관련 의사들이 참여한 큰 수술이었습니다.

그런데 그들보다 뛰어난 외과의사가 있습니다. 바로 최고의 치유자인 하나님입니다. 그는 부작용 없이 새 심장과 새 마음을 이식하실 수 있습니다.

"내가 그들에게 한 마음을 주고 그 속에 새 영을 주며 그 몸에서 돌 같은 마음을 제거하고 살처럼 부드러운 마음을 주어" (겔 11:19).

그렇습니다. 주님은 우리가 예수님을 통해서 하나님을 온전히 신뢰하기만 하면 우리 속에 새 마음과 새 영을 넣어 주십니다. 영과 마음을 창조하시는 주님이야말로 정말 놀라운 치유자이지 않습니까?

January. 10

당신의 신분은 무엇입니까

2012년 조사에 따르면 신분사기 사건이 전년 대비 13%퍼센트나 증가하여 미국 성인 1,160만 명이 피해를 입었습니다. 50만 명 이상의 아이들이 매년 이 사기사건의 희생자가 되고 있는데 그 가운데 반 이상이 6세 이하라는 걸 아십니까? 이러한 위협은 부모들이 먼저 교육을 받아야 자녀들이 어떻게 자기 신분을 보호할 것인지 가르칠 수 있습니다.

사단은 모든 거짓말의 아비라서 항상 우리의 신분을 훔치려고 합니다. 우리의 신분이 '하나님의 자녀'이기 때문입니다.

"성령이 친히 우리의 영과 더불어 우리가 하나님의 자녀인 것을 증언하시나니"(롬 8:16).

마귀는 우리의 신분을 강탈하려고 우리 속에 속임수로 의심을 집어넣어 소속감을 잃게 만들려고 틈을 노립니다.

우리가 하나님의 자녀인 것을 절대로 잊지 마십시오. 그리고 항상 주와 함께 높고 강하게 서십시오.

January. 11

준비되었습니까

캘리포니아에서 공동묘지와 장례식장을 운영하는 체인 회사인 포레스트 론(Forest Lawn)에서 장문의 질문서를 받았습니다. 거기에는 다음과 같은 질문도 포함되어 있습니다.

- 나의 장례 계획에 대해서 / 나의 생명보험에 대해서 / 나의 유언장에 대해서

만일 이 질문에 모두 긍정적으로 답변하기만 하면 정말 죽을 준비가 된 것일까요?

성경은 죽음에 대해서 이렇게 말합니다.

"네 하나님 만나기를 준비하라"(암 4:12).

"한 번 죽는 것은 사람에게 정해진 것이요, 그 후에는 심판이 있으리니"(히 9:27).

어떻게 해야 죽음을 잘 준비할 수 있을까요?

- 하나님께 죄를 회개하십시오. 하나님이 용서하십니다.
- 주 예수 그리스도를 믿으십시오. 구원을 받습니다.
- 경건하고 거룩한 삶을 사십시오(벧후 3:11).

하나님의 심판을 준비해야 합니다. 준비되어 있습니까? 오늘은 이것을 깊이 생각해 보십시오.

January. 12

하나님을 아십시오

창조주 하나님을 알 수 있는 방법이 무엇인가요?

"너희는 여호와의 선하심을 맛보아 알지어다"(시 34:8).

맛보십시오, 하나님이 만드신 신선한 과일들을. 그것을 통해서 하나님의 달콤한 사랑과 돌보심을 맛볼 수 있습니다.

보십시오, 봄 언덕에 가득한 야생화를. 그리고 밤하늘에 반짝이는 별들을 보십시오.

들으십시오, 순진한 아기의 행복한 웃음소리를. 그리고 여름날 종달새의 노랫소리를 들으십시오.

느끼십시오, 이마 위에 내리는 따스한 햇살을. 그리고 늙으신 어머니의 신비한 사랑을 느끼십시오.

만져 보십시오, 뒤뜰의 보드랍고 푸른 잔디를. 그리고 앞뜰의 반짝이는 흰 눈을 만져 보십시오.

읽으십시오, 하나님 자신을 보여 주신 성경을. 그러면 성령 안에서 주님을 만날 수 있습니다.

그리고 믿으십시오, 예수님이 우리의 구세주와 주님이 되심을. 그러면 하나님의 진노로부터 확실히 구원을 얻습니다.

January. 13
우리가 가져야 할 태도

누가 가장 교만한 사람일까요? 바로 자기 스스로 겸손하다고 생각하는 사람입니다. 그렇다면 누가 가장 겸손한 사람일까요? 자신의 교만을 진실하게 인정하는 사람입니다.

가장 탁월한 신학자요 선교사이면서 전도자인 사도 바울은 자기가 가장 악한 죄인이라고 말했습니다(딤전 1:15). 그러나 그는 교회 역사상 가장 위대한 사역을 감당하며 가장 위대한 삶을 살았습니다.

한국 교회는 하나님 앞에서 겸손해야 합니다. 교인들, 목사와 교회 지도자들도 겸손해야 합니다.

강한 자, 가진 자 그리고 배운 자들이 더욱 겸손해야 합니다. 역사를 보면 하나님의 교회가 권력을 갖고 교만해지면서 파멸을 맞은 것을 알 수 있습니다. 교회에 세력과 돈이 많아지면 많아질수록 교회는 과오와 죄에 더 깊이 빠집니다. 바리새인 같은 거짓 겸손을 주의하십시오(골 2:18).

예수님만 진정한 겸손의 최고 모범이십니다. 그리고 하나님은 겸손한 자에게 은혜를 베푸십니다(약 4:6).

January. 14

자유로운 종

자유와 종이라는 단어는 서로 맞지 않습니다. 근본적으로 종은 자유가 없습니다. 그는 주인에게 속해 있기 때문입니다. 그의 소유와 가족과 심지어 그의 생명도 모두 주인의 통제 아래 있습니다. 그런데 이 두 단어가 하나님의 은혜 안에서는 완벽하게 조화를 이룰 수가 있습니다.

우리는 본래 죄의 종이었고 죄 때문에 하나님과 원수가 되었습니다. 그리고 하나님의 진노 아래 있었습니다(엡 2:3). 그러나 예수 그리스도를 앎으로 그를 통하여 우리는 자유하게 되었습니다(요 8:32).

우리는 거듭남을 통하여 신분이 바뀌었습니다. 불의의 종으로부터 의의 종이 된 것입니다(롬 6:16).

이제 우리는 주인을 두려워하는 얽매인 종이 아니라 주님을 사랑하는 자유로운 종입니다.

예수 그리스도 안에서 온전한 자유를 누리십시오. 그러나 주님을 위하여 종 된 것을 기억하십시오.

January. 15

하나님을 위한 작은 일

우리는 하나님을 위해서 큰일을 하기 원합니다. 아프리카에 평생 선교사로 가는 것, 수백 명의 노숙자를 섬기는 것, 전도자나 목사가 되기 위해서 다른 직업을 포기하는 것 또는 그와 같은 일들. 그러나 주님은 작은 일에 충성한 종을 칭찬하십니다.

"잘 하였도다. 착하고 충성된 종아. 네가 작은 일에 충성하였으매…"(마 25:23).

매일의 생활에서 주님께 충성하는 것이 중요합니다. 기도하십시오. 교회와 친구와 목회자와 선교사들을 위하여. 일하십시오. 직장과 교회는 여전히 일꾼이 필요합니다. 돌보십시오. 당신의 자녀를 주의 말씀으로 훈련하고 가르치십시오. 싸우십시오. 죄와 유혹을 이겨야 합니다. 영적 전쟁은 매일의 싸움입니다. 성실하십시오. 사업에 정직하여 세상이 당신의 선행을 보게 하십시오. 관리하십시오. 몸과 영혼을 강건하고 정결하게 하십시오. 우리의 몸은 성령이 거하시는 전입니다.

충성하십시오. 이 모든 평범한 일상에 충성하십시오.

January. 16
내 속에 정결한 마음을 주옵소서

"주의 얼굴을 내 죄에서 돌이키시고 내 모든 죄악을 지워 주소서. 하나님이여, 내 속에 정한 마음을 창조하시고 내 안에 정직한 영을 새롭게 하소서"(시 51:9-10).

이것은 다윗 왕이 범죄한 후에 회개하면서 드린 기도의 일부입니다.

그가 말한 '정결한 마음'은 무슨 뜻일까요?

죄를 미워하는 마음, 불의를 거부하는 마음, 이웃과 자신에게 정직한 마음, 회개의 눈물이 있는 마음, 자신이 연약함을 인정하는 마음, 자신을 낮출 줄 아는 마음, 대가를 치루면서도 약속을 지키는 마음, 우는 자와 함께 울어 주는 마음, 하나님의 나라에 대한 소망을 가진 마음, 온 힘을 다하여 주님을 사랑하는 마음, 주님의 마음을 닮은 마음….

"주여, 내 속에 이런 정결한 마음을 창조하시고 이 가운데 하나도 버리지 않게 도와주옵소서!"

January. 17
하나님의 이상한 선택

어떤 친구를 갖기 원합니까? 친절하고 참을성이 많고 세심하며 얘기를 잘 들어주고 정직한 사람이겠지요.

어떤 동료를 원합니까? 일 잘하고 신뢰할 수 있고 부지런하고 협력적이며 창조적이고 겸손한 사람이겠지요.

어떤 추종자를 갖고 싶은가요? 순종하고, 배우기를 좋아하고, 끈기 있고, 잘 섬기는, 신실한 사람을 좋아하겠지요.

그런데 예수님은 어떤 사람들을 제자로 택하셨나요? 별로 배우지 못하고, 화를 잘 내고, 자랑하기 좋아하고, 거칠고, 복수심이 강하고 비겁한 사람들이었습니다.

우리가 어떻게 주님의 동역자가 되었습니까? 결코 그만한 자격이 있어서가 아니라, 다만 우리를 향한 은혜가 한이 없어서입니다. 우리가 유능하고 탁월해서가 아니라, 다만 우리에 대한 주님의 사랑이 놀랍기 때문입니다. 참으로 이상한 선택 아닌가요? 주님 앞에서 더 겸손합시다. 주의 일에 더 충성합시다.

January. 18
그는 당신에게 누구입니까

예수님은 당신에게 누구십니까? 우리의 모든 것이 되시는 분을 아십시오.

내일을 걱정하고 있습니까? 그는 우리를 돌보는 위로자십니다. 죽음을 두려워합니까? 그는 우리의 영원한 생명이십니다. 어디로 가야 할지 모르겠습니까? 그는 우리의 진실한 길이십니다. 재정 문제로 고민합니까? 그는 우리의 넉넉한 공급자십니다. 몸이 약하거나 병들었습니까? 그는 우리의 강력한 힘이십니다. 어떤 사물 또는 어떤 사람을 두려워합니까? 그는 우리의 강한 방패십니다. 마음이 불안하고 요동합니까? 그는 우리의 요동하지 않는 반석이십니다. 심판주를 만나기가 두렵습니까? 그는 우리를 사랑하는 아버지십니다.

하나님과의 관계와 그의 돌보심 가운데 주를 신뢰하고 이제 안심하십시오.

January. 19

음식이 사람을 만든다

음식이 사람을 만든다는 말을 많이들 합니다. 음식에는 유익한 영양분이 복합적으로 들어 있어서 매일 다양한 음식을 골고루 섭취해야 합니다. 전문가들은 우리의 질병 중 90퍼센트가 잘못된 식습관 때문에 생긴다고 말합니다. 먹는 것이 곧 그 사람을 형성하는 것이지요.

영적으로도 우리가 '무엇을 먹는가'는 중요합니다. 불건전한 이단의 가르침이나 비성경적인 교리는 결국 영적인 파멸을 가져옵니다. 그래서 "갓난아이들 같이 순전하고 신령한 젖을 사모해야" 합니다(벧전 2:2).

몸이 건강해지기 위해서는 신선한 채소와 과일과 곡류를 많이 섭취하고, 영적인 건강을 위해서는 순전하고 살아 있는 하나님의 말씀을 매일 섭취하세요. 우리가 매일 무엇을 읽고 무엇을 생각하고 무엇에 순종하는가에 따라 영혼이 형성됩니다. 음식이 사람을 만든다는 말에 거듭 동의합니다.

January. 20

8번째 불가사의

얼마 전 한 비디오 클립을 보았는데 고대로부터 현대까지 다양한 불가사의가 제시되었습니다.

1. 이집트의 피라미드 2. 중국의 만리장성 3. 미국의 그랜드 캐년 4. 인도의 타지마할 5. 성베드로 사원 6. 한국의 제주도 7. 페루의 마추픽추

여기 다른 종류의 7대 불가사의가 있습니다. 우리 눈으로 세상을 볼 수 있는 것이 놀랍지 않습니까? 귀로 듣는 것, 손으로 만지는 것, 행복하게 웃는 것, 마음으로 느끼는 것, 남을 용서하는 것, 그리고 서로 사랑하는 것이 놀랍지 않나요? 거기다 진짜 불가사의 하나가 더 있습니다. 우리를 향하신 하나님의 영원한 사랑입니다.

"보라. 아버지께서 어떠한 사랑을 우리에게 베푸사 하나님의 자녀라 일컬음을 받게 하셨는가…"(요일 3:1).

우리는 하나님의 아낌없는 사랑 가운데 삽니다. 우리는 전능하신 하나님의 자녀입니다. 우리를 위한 하나님의 사랑은 무제한입니다.

January. 21
예외가 없다

~><

재미있는 범퍼 스티커를 보았습니다. "하나님은 온 세상을 사랑하십니다. 예외가 없습니다."

삶에는 예외 없이 찾아오는 것이 많지요. 죽음이 그렇지요. "한 번 죽는 것은 사람에게 정해진 것이요, 그 후에는 심판이 있으리니"(히 9:27).

늙음에도 예외가 없습니다. "우리의 연수가 칠십이요 강건하면 팔십이라도…"(시 90:10).

시간의 분량에도 예외가 없습니다. 어느 누구에게나 하루는 24시간뿐입니다. 가난하거나 부유하거나, 강하거나 약하거나, 배운 사람이거나 못 배운 사람이거나 누구든지.

하나님의 사랑에도 예외가 없습니다. 하나님은 말씀하십니다. "모든 사람이 구원을 받으며 진리를 아는 데에 이르기를 원하시느니라"(딤전 2:4).

하나님의 사랑에서 제외된 사람은 아무도 없습니다. 우리가 항상 주의 돌보심 안에 있다는 것을 믿으십시오.

January. 22

입양자의 신분

한국에서 태어난 한 아기가 얼마 전 미국 내에서 법적 분쟁에 휩싸이게 되었습니다. 전하는 바에 따르면 일리노이 주 시카고에 사는 한 미국인 부부가 한국 아기를 입양했는데 이 부부는 한국 정부가 인정한 입양 기관을 통하지 않았기 때문에 미국 이민법을 어겼다고 합니다.

하나님의 자녀가 된다는 것은 우리가 예수님을 구세주와 주님으로 믿을 때 성령을 통하여 하나님께 입양된다는 것입니다.

"너희는 다시 무서워하는 종의 영을 받지 아니하고 양자의 영을 받았으므로 우리가 아빠 아버지라 부르짖느니라"(롬 8:15).

하나님의 자녀로 입양되는 절차는 무엇입니까?

오직 예수 그리스도를 믿음으로만 됩니다. 그것이 우리의 죄를 용서받고 구원받아 하나님의 자녀가 되는 유일한 '합법적인' 절차입니다. 당신은 언제 하나님의 자녀로 입양되었습니까? 영적인 입양 즉 당신의 구원을 확신하십시오.

January. 23

낯선 길에서 주의할 것

여호수아는 백성을 이끌고 요단강을 건너 가나안으로 들어가고 있었습니다. 그는 백성들에게 **"너희가 이전에 이 길을 지나보지 못하였음이니라"**(수 3:4)고 말하면서 언약궤와 일정한 거리를 두고 따르라고 말했습니다.

전에 가본 적 없는 낯선 길을 갈 때는 도로표지판을 주의해서 봐야 합니다. 왜일까요? 아무도 그 길을 가본 적이 없기 때문에 길을 아는 사람이 없기 때문입니다. 길을 잃지 않으려면 믿을 만한 안내인이 필요합니다. 예수님이야말로 길을 잘 아시는 우리의 안내인이십니다. 그리고 주님은 우리를 항상 아껴주십니다.

우리에게 가장 좋은 표지판은 성경입니다. 성경을 잘 읽고 그 가르침을 따르십시오. 그리고 쉬지 말고 계속 전진하십시오. 불필요한 것들 때문에 시간을 낭비하지 마세요. 매일이 새 날이고 모든 길이 새 길입니다. 선한 리더이신 주의 음성과 발자취를 따라갑시다.

January. 24

은혜 위에 은혜

❥

"우리가 다 그의 충만한 데서 받으니 은혜 위에 은혜러라"(요 1:16). 우리는 매일 하나님의 은혜가 필요합니다. 오늘은 세 종류의 은혜를 생각해 봅니다.

구원하시는 은혜(saving grace) "그리스도 예수 안에 있는 속량(구속)으로 말미암아 하나님의 은혜로 값 없이 의롭다 하심을 얻은 자 되었느니라"(롬 3:24). 그렇습니다. 우리는 오직 주님의 구원의 은혜로 거룩한 하나님의 가정에 받아들여졌습니다.

삶의 은혜(living grace) 안디옥에서 바울과 바나바는 "…항상 하나님의 은혜 가운데 있으라 권하니라"(행 13:43)고 했습니다. 우리는 안전, 건강, 사역 그리고 모든 필요를 전적으로 하나님의 은혜에 의존하여 삽니다.

죽음의 은혜(dying grace) 바울은 처형을 당하기 전에 주의 은혜를 기억했습니다. "주께서 내 곁에 서서 나에게 힘을 주심은 나로 말미암아 선포된 말씀이 온전히 전파되어…"(딤후 4:17).

병들지 않고 건강할 때 주님을 만나는 것은 인생에 마지막으로 필요한 은혜일 것입니다. 그리스도 안에 있는 은혜 속에서 강건하십시오(딤후 2:1).

January. 25

다섯 방향의 성장

우리의 삶에는 다섯 가지 방향으로 계속적인 성장이 이루어져야 합니다.

위를 향한 성장(Upward) 이것은 그리스도의 충만한 데까지 이르는 성장입니다(엡 4:13).

아래를 향한 성장(Downward) 이것은 겸손과 자기 부인으로 하나님의 더 깊은 곳을 향한 성장입니다. 우리가 더 낮아질 때 주님은 더 높아지십니다.

안을 향한 성장(Inward) 이것은 자아를 향한 것입니다. 영적으로 더욱 강건해지고 주님을 더 닮는 것이지요.

앞을 향한 성장(Forward) 이것은 계속 달림으로 주께서 우리를 위해 세우신 푯대를 향하는 것입니다

밖을 향한 성장(Outward) 이것은 그리스도가 없는 세상을 향하여 복음을 전하고 교회를 섬기는 것입니다.

우리 삶에서 이 모든 성장이 이루어지도록 힘씁시다. 그래야 균형이 잘 잡힌 그리스도인이 됩니다.

January. 26

다섯 끈을 붙잡으세요

　지하무덤인 카타콤(catacomb)을 탐험하는 이들은 깜깜하고 위험하게 구불거리는 통로에서 길을 잃지 않고 다시 빛 가운데 나올 수 있도록 입구에서부터 끈을 붙잡고 들어간다고 합니다. 우리도 삶의 길을 잃지 않으려면 다섯 가지 끈을 붙잡아야 합니다.

　하나님 말씀의 끈 : 이것을 놓치면 영적으로 배고프고 목마르게 됩니다.

　기도의 끈 : 이것을 놓치면 하나님으로부터 단절되어 영적 호흡 곤란의 위험에 처합니다.

　예배의 끈 : 이것을 놓치면 세상 것들을 붙잡는 위험에 처합니다.

　교제의 끈 : 이것을 놓치면 인생길에서 외롭고 두려움에 싸입니다.

　그리고 믿음의 끈 : 이것을 놓치면 의심에 빠져 방황하다가 결국 구원의 즐거움을 잃게 됩니다.

　이 끈들을 단단히 붙잡고 항상 빛 가운데 거하십시오.

January. 27
환난의 밤이 필요한 이유

아직 어렸을 적에 밤은 무섭고 두려운 존재였습니다. 달리 보면 밤은 하루 일을 마친 후 휴식을 취하고 자기를 다시 한 번 생각해 보는 시간이기도 합니다. 게다가 하늘에서 맑은 이슬이 내리는 때입니다. 그 이슬 때문에 불같이 더운 여름철에도 나무와 풀들이 잘 자랄 수 있습니다. 한밤중에 내리는 맑은 이슬이 없으면 이스라엘이나 남부 캘리포니아처럼 건조한 곳에서는 나무와 식물이 푸르고 싱싱하게 자라지 못합니다.

우리에게도 종종 환난의 밤이 필요합니다. 밤을 통해서 인생의 많은 교훈을 배울 수 있으며 또 그 밤도 하나님의 손 안에 있기 때문입니다.

어두운 밤도 하나님에 의해서 우리에게 선하게 사용될 수 있다는 것을 깨닫는 한 우리는 밤을 두려워하거나 그로 인해서 실망하지 않을 수 있습니다. 우리의 인생길에서 원치 않는 밤을 만날 수 있습니다. 그러나 환난의 밤조차 하나님께서 다스린다는 것을 기억하십시오.

January. 28

신앙생활의 ABC 1

Ask : 모든 일을 주님께 물으세요.

Believe : 마음을 다하여 예수님을 믿으세요.

Christ : 예수님이 삶의 중심이 되어야 합니다.

Devote : 하나님께 자신을 온전히 헌신하세요.

Express : 당신의 구원을 이웃에게 표현하세요.

Fellowship : 교제가 신앙생활에서 중요합니다.

Give : 당신이 가진 것을 즐겁게 드리세요.

Help: 도움이 필요한 이들을 기꺼이 도우세요.

Introduce : 항상 그리스도를 소개하세요.

Join : 복음적인 교회에 정기적으로 나가세요.

Keep : 푯대를 향하여 계속 앞으로 나아가세요.

Live : 세상의 빛과 소금으로 사세요.

Meditate : 매일 하나님의 말씀을 묵상하세요.

January. 29

신앙생활의 ABC 2

Nurture : 계속해서 삶을 양육하세요.

Obey : 모든 일에 주님께 순종하세요.

Pray : 쉬지 말고 기도하세요.

Quit : 나쁜 습관을 과감하게 버리세요.

Read : 하나님의 말씀을 읽고 외우세요.

Serve : 주님과 교회를 더 잘 섬기세요.

Trust : 온 맘을 다해서 하나님을 신뢰하세요.

Use : 주의 일을 위해서 은사를 다 사용하세요.

Value : 하나님의 자녀라는 가치를 귀하게 여기세요.

Worship : 개인적으로 또 함께 예배하세요.

eXault : 매일 삶에서 주님을 높이세요.

Yield : 더 많은 성령의 열매를 맺으세요.

Zeal : 신앙생활의 ABC에 열정을 내세요.

이 원칙들을 늘 기억하고 매일 실천하고자 노력하십시오. 일상에서 반드시 승리를 경험하게 될 것입니다.

January. 30
안개와 모래 폭풍 속에서도

'가시거리'는 어떤 물건이나 빛을 명확하게 구분할 수 있는 거리를 말합니다.

서부 텍사스에 강한 모래 폭풍이 불어 큰 사고가 발생했습니다. 경찰 보고에 따르면 그 지역의 가시거리는 제로에 가까워 마치 앞이 하얗게 지워진 것 같아서 자기 자동차의 후드 앞도 보이지 않았다고 합니다. 우리도 내일은커녕 한 발자국 앞도 모릅니다. 미래를 보는 우리의 가시거리는 제로입니다.

오직 하나님만 우리 삶의 지평선 너머를 아십니다. 오직 하나님만 우리 생각과 숨겨진 동기를 아십니다.

오직 하나님만 우리의 길과 운명, 그 모든 것을 아십니다. 오직 하나님만 우리 인생 여정을 다 보고 계십니다. 오직 주님만 우리의 길을 바르고 안전하게 인도하십니다. 안개와 모래 폭풍이 가시거리를 제로로 만들어 안전 운전을 위협하는 것처럼 우리의 죄가 영적 가시거리를 현저하게 감소시킵니다.

깨끗한 양심을 가지고 주를 의지하십시오. 주님은 우리의 심장을 속속들이 살피십니다(렘 17:10).

January. 31
동의하십니까

ᴥ

차에 있는 GPS를 켤 때마다 '동의하세요' 버튼을 눌러야 운전 중에 길을 안내받습니다.

GPS 가이드에 동의하지 않으면 길 안내를 받지 못합니다. 성경도 마찬가지입니다. 성경을 펼 때마다 하나님께서 거기서 하시는 말씀에 동의해야 합니다. 그렇지 않으면 배움을 얻지 못합니다.

하나님은 유대와 이스라엘 백성에게 장차 다가올 위험에 대해서 여러 번 말씀하셨지만 그들은 전혀 들으려고 하지 않았습니다. 결국 그들은 예고된 재난을 피할 수가 없었습니다.

"…내[하나님]가 너희에게 말하고 끊임없이 말하여도 너희는 내[하나님]게 순종하지 아니하도다"(렘 35:14).

우리는 너무 교만해서 하나님을 무시합니다. 우리 힘으로 무엇이든지 할 수 있다고 자부하면서 하나님의 필요를 느끼지 않습니다. 마음과 귀를 하나님께 여십시오. 그의 말씀을 경청하고 힘을 다해 순종하십시오. 그것만이 하나님을 만나는 바른 자세입니다.

The Scent of Gospel

2
February

또 여호와를 기뻐하라.
그가 네 마음의 소원을
네게 이루어 주시리로다.
시 37:4

February. 1
기도하기 위해서 기도하라

성경에는 기도의 모범이라고 불릴 만한 위대한 승리를 가져온 기도가 많이 있습니다.

아브라함은 소돔에 있는 롯을 위해서 중보했고 하나님께서는 롯과 그 가족을 구출하셨습니다. 야곱은 브니엘에서 밤새도록 기도의 씨름을 했는데 비록 절름발이가 되었지만 하나님의 복을 받았지요. 엘리야는 비를 달라고 하나님께 간구했고 그의 기도는 비가 오는 기적으로 응답받았습니다. 한나는 오랫동안 울며 금식했는데 그 결과로 아들 사무엘이 태어났습니다. 한 과부는 억울함을 풀어 달라고 밤낮 부르짖었는데 재판장이 그의 기도를 들어주었습니다.

이 모든 기도의 공통점은 바로 포기하지 않는 '끈기'입니다. 예수님도 "항상 기도하고 낙심하지 말아야" 된다고 말씀하셨습니다(눅 18:1). 스펄전 목사는 "기도하기 원하면 기도해야 한다. 기도를 계속해야 우리의 기도가 계속될 수 있다"고 했습니다.

이 나라의 위정자와 국민을 위해서 더 많이 기도해야 할 절박한 시기입니다.

February. 2

우는 자와 함께 울라

2012년 12월 14일, 코네티컷 주의 뉴타운에 있는 '샌디 훅'(Sandy Hook) 초등학교 어린이 교실에 한 괴한이 침입하여 총을 난사하는 사건이 벌어졌습니다. 2012년 12월 14일, 귀여운 아이들 스무 명과 어른 여섯 명이 졸지에 목숨을 잃었습니다. 그는 자기 어머니도 죽이고 스스로 목숨을 끊었습니다. 이 스무 살 청년은 총을 사용하는 방법을 어려서부터 어머니에게 배웠다고 합니다.

이런 참극은 앞으로도 또 일어날 것입니다. 이 끔찍한 사건에 대해서 우리는 무엇을 해야 합니까? 무엇보다도 사랑하는 사람을 잃은 이들을 위하여 함께 울어야 합니다(롬 12:15).

고통하는 이들에게 하나님의 위로가 있도록 기도합시다. 살상무기를 확산시키며 마음대로 사용하는 것을 반대합시다. 그리고 이 나라에 하나님의 긍휼을 구하는 기도를 합시다.

"주님, 은혜와 긍휼을 베푸소서! 저희가 죄인입니다. 회개하고 주의 얼굴을 구하오니 이 땅을 고치소서!"

February. 3
우리는 자격이 없지만

깨진 가정에서 자란 사람들이 여러 가지 어려움을 겪는 것을 보았습니다. 그들은 가정에 대해서 자랑하지 않지요. 마태복음 1장을 보면 예수님의 족보에도 아픔과 고통이 많이 있습니다. 아브라함은 아내 사라에 대해서 거짓말을 했고, 이삭도 아내 리브가에 대해서 같은 일을 했습니다. 야곱은 치사한 사기꾼이었고, 유다는 수치스러운 행음자였고, 다윗은 간통자와 살인자였으며, 솔로몬은 일부다처주의자였습니다.

또 예수님의 족보에는 전혀 바람직하지 않은 네 명의 여인들, 즉 부도덕한 다말, 창녀 라합, 모압 여인 룻, 간음한 밧세바도 포함되어 있습니다. 그럼에도 불구하고 하나님의 놀라운 은혜는 그들의 허물과 죄와 수치를 넉넉히 덮었습니다.

우리도 하나님의 자녀가 될 자격이 없는 자들입니다. 다만 하나님의 넘치는 은혜로 우리가 의롭게 되고 용서받은 것입니다. 예수 그리스도가 우리에게 얼마나 복된 분인지 잊지 마세요. 주님은 우리의 깨진 마음과 인생을 고치셨습니다.

February. 4

염려하지 마세요

대형 점보제트기를 탈 때마다 그 육중한 비행기가 어떻게 한 마리 새처럼 공중을 나는지 도무지 알 수가 없습니다. 언젠가 비행기 조종실을 들여다본 적이 있습니다. 수백 개의 장치와 램프, 스위치가 가득했는데 뭐가 뭔지 알 수가 없었습니다. 그렇지만 노련한 두 명의 조종사가 거기 있기 때문에 나의 비행을 조금도 염려하지 않았습니다. 그저 편안하게 앉아서 여행을 즐겼습니다.

하나님께서 우리의 삶 속에서 어떻게 일하시는지 알기 원합니까? 다 알 필요가 없습니다. 그냥 삶의 조종실에 주님이 계시면 됩니다. 주님을 신뢰하고 그의 돌보심 아래 쉬세요. 그것이 우리가 가져야 할 믿음입니다.

"수고하고 무거운 짐 진 자들아, 다 내게로 오라. 내가 너희를 쉬게 하리라"(마 11:28).

주님은 우리의 좋은 목자시고 최고의 조종사십니다. 그분만 따르고 그가 계신 곳에서 쉬세요.

February. 5
깎지 않은 연필

깎지 않은 연필을 어디에 쓸 수 있을까 생각해 봤는데 아무 생각도 나지 않는군요. 훈련받지 않고 준비되지 않은 그리스도인도 이와 같지요. 하나님의 자녀라는 새로운 신분을 얻고 축복을 누리며 살지만 하나님은 그런 사람을 주의 일에 곧바로 쓸 수가 없습니다. 그렇다면 무슨 훈련을 받아야 할까요?

지금보다 조금 더 일찍 자고 일찍 일어나십시오. 맑고 신선한 아침 시간을 허비하지 않기 바랍니다. 가정과 직장에서 경건한 생활에 힘쓰십시오. 무엇을 어떻게 말할 것인지 언어에 조심하세요. 책과 인터넷 등에서 음란물을 피하십시오. 거짓말하지 말고 정직하십시오. 믿음이 좋은 이들과 교제를 계속하십시오. 가정과 직장에서 맡겨진 자기 몫을 성실하게 감당하십시오. 이 모든 것보다 주님과 충분한 시간을 보내십시오. 성경을 읽고 기도하고 묵상하는 것입니다. 자신을 부인하고 날마다 자기 십자가를 지십시오. 잘 깎은 연필처럼 잘 준비된 하나님의 일꾼이 됩시다.

"너는 진리의 말씀을 옳게 분별하며 부끄러울 것이 없는 일꾼으로 인정된 자로 자신을 하나님 앞에 드리기를 힘쓰라" (딤후 2:15).

February. 6
주님이 차리신 식탁

다윗은 어려운 때에 하나님의 공급하심을 기뻐하고 감사했습니다. "주께서 내 원수의 목전에서 내게 상(식탁)을 차려 주시고 기름을 내 머리에 부으셨으니 내 잔이 넘치나이다"(시 23:5).

오랫동안 사울의 추격을 받던 다윗은 광야에서 죽음의 두려움을 느끼며 절망적인 상태에 빠졌습니다. 그렇지만 하나님은 그에게 필요한 것을 아시고 적절하게 도우시는 공급자셨습니다. 다윗은 그것을 하나님이 자기를 위하여 원수들 앞에서 식탁을 마련해 주셨다고 표현했습니다.

그것은 적에 대한 승리의 식탁입니다. 그것은 도움이 필요한 때마다 채워 주시는 식탁입니다. 그것은 두려운 때에도 펼쳐 주시는 기쁨의 식탁입니다. 그것은 적에 대한 보복의 식탁입니다. 그것은 하나님의 넉넉한 공급과 돌보심의 식탁입니다. 그것은 다윗을 향한 하나님의 사랑의 식탁입니다.

주님은 우리의 소원과 희망을 아시고 풍성하게 응답하십니다.

주님, 제가 주님을 많이많이 사랑합니다. 오늘도 주의 이름이 더욱 찬양을 받으소서!

February. 7

보호 지대 안에서

도시의 교차로에는 '비보호'라는 교통 표지가 있습니다. 운전자는 좌회전 표지가 없는 교차로에 진입하기 전, 앞에서 오는 차에게 먼저 양보해야 합니다. 비보호인 곳은 교통사고 빈발지역으로 주의해야 합니다. 반면 그리스도를 믿는 우리에게는 예수 안에서 하나님의 확실한 보호의 약속이 있습니다.

"너희는 말세에 나타내기로 예비하신 구원을 얻기 위하여 믿음으로 말미암아 하나님의 능력으로 보호하심을 받았느니라"(벧전 1:5).

주님은 우리의 방패요, 산성이십니다. "여호와께서 그(그의 백성)를 황무지에서, 짐승이 부르짖는 광야에서 만나시고 호위하시며 보호하시며 자기의 눈동자 같이 지키셨도다"(신 32:10).

그렇습니다. 우리는 강하신 하나님의 보호를 받는 백성입니다. 그러므로 주 안에서 영원히 안전하고 든든합니다.

February. 8

작은 빛 하나가

에너지 절약을 위해서 불을 끄자는 캠페인을 자주 합니다. 에너지 부족과 낭비 때문에 전 세계가 골치를 앓고 있습니다. 15분 이내로 방을 비울 때에는 전등을 그대로 켜 두십시오. 그러나 15분 이상 자리를 비울 때는 전등을 끄십시오.

단, 그리스도인은 항상 세상을 향한 불을 켜 두어야 합니다. 주님은 우리가 세상의 빛이라고 말씀하십니다.

"이같이 너희 빛이 사람 앞에 비치게 하여 그들로 너희 착한 행실을 보고 하늘에 계신 너희 아버지께 영광을 돌리게 하라" (마 5:16).

우리의 빛은 하루 종일 켜 두어도 소모되거나 사라지지 않습니다. 세상은 하나님이 주시는 진리의 빛을 갈망합니다. 그리스도는 큰 빛이시며 우리는 이 어둔 세상의 작은 빛입니다. 에너지 절약을 위해서는 불을 끄십시오. 그렇지만 선행과 복음의 빛은 항상 타오르게 하십시오.

February. 9
어떤 혀입니까

혀는 세 치도 안 되지만 대단히 힘이 셉니다. 날카로운 혀를 가진 사람은 자기 목을 다치게 한다는 말이 있습니다. 어떤 혀를 갖고 계십니까? 비판적, 강압적, 공격적, 상처와 죽음을 부르는 파괴적인 혀가 있습니다. 위로하고, 격려하고, 사랑하며 긍정적이고 찬양하는 건설적인 혀도 있습니다.

"혀도 마찬가지입니다. 몸 가운데 지극히 작은 부분이지만, 큰일을 행함으로 자랑합니다. 큰 산불도 아주 조그만 불씨에서 시작하지 않습니까? 혀도 곧 불입니다. 혀는 우리 몸 가운데 악의 세계라고 할 수 있습니다. 이것이 몸을 더럽히고, 우리 인생의 전 여정에 불을 지르며, 나중에는 혀도 불에 의해 살라집니다"(약 3:5-6, 쉬운성경).

선지자 이사야처럼 기도하세요. "주 여호와께서 학자들의 혀를 내게 주사 나로 곤고한 자를 말로 어떻게 도와 줄 줄을 알게 하시고…"(사 50:4).

우리 그리스도인들은 주님을 위하여 언제 어떻게 침묵을 지키고 언제 어떻게 혀를 사용할지 알아야 합니다. 혀를 지혜롭게 사용하는 주의 사람이 됩시다.

February. 10
폭풍이 부는 이유

왜 우리는 종종 폭풍 속을 지나야 하나요? 왜 우리는 종종 고통의 눈물을 흘려야 합니까?

"여호와께서 큰 바람을 바다 위에 내리시매 바다 가운데에 큰 폭풍이 일어나 배가 거의 깨지게 된지라"(욘 1:4).

왜 하나님은 요나의 길에 폭풍을 보내셨습니까? 그는 지금 하나님의 낯을 피하여 도망가는 중입니다. 하나님은 그에게 폭풍을 보내셨고 그 폭풍 때문에 결국 요나는 하나님께 돌이켰습니다. 종종 하나님께서는 우리의 길에도 환난과 가슴앓이, 고통, 아픔과 어려움이라는 폭풍을 주십니다. 주님이 우리를 버리셨거나 잊으신 것이 아닙니다. 폭풍을 멈출 수 없는 것도 아닙니다. 다만 우리를 사랑하시고 우리의 걸음을 바른 곳으로 이끄시기 위한 것입니다.

"주께서 그 사랑하시는 자를 징계하시고…"(히 12:6). 그러니 실망하거나 낙담하지 마십시오.

우리는 여전히 하나님의 돌보시는 손 안에 있습니다. 심지어 폭풍 속에서도….

February. 11

다시 켜지는 촛불

촛불을 끈 후에도 얼마간의 시간이 지나면 요술처럼 다시 켜지는 초를 본 적이 있나요?

이 '요술 촛불'은 입김을 이용해 꺼버려도 심지에 남은 불기가 이 물질에 불을 붙이고 그것에는 초의 파라핀의 기체를 점화할 만큼의 열기를 가지고 있어서 다시 불이 살아납니다. 이것을 보면서 그리스도인의 끈기를 생각합니다. 사도 바울과 초대 교회 성도들을 보십시오. 그들은 심한 핍박을 받았지만 항복하지 않았고, 많은 사람이 순교를 당했지만 믿음을 버리지 않았습니다.

"우리가 사방으로 우겨쌈을 당하여도 싸이지 아니하며 답답한 일을 당하여도 낙심하지 아니하며 박해를 받아도 버린 바 되지 아니하며 거꾸러뜨림을 당하여도 망하지 아니하고"(고후 4:8-9).

사단은 항상 우리를 하나님의 사랑에서 떼어내려고 합니다. 그는 우리가 그리스도를 부인하도록 늘 유혹합니다. 그렇지만 우리는 '다시 켜지는 촛불'과 같습니다. 끈기는 참된 신자의 특징이자 잃지 말아야 할 자세입니다.

February. 12
도우미입니까 주인입니까

매년 전문적인 조경사가 도우미들과 함께 잡목을 제거하는 일을 합니다. 그들은 주인을 위해서 열심히 일하고 돈을 받지요.

우리는 종종 하나님을 우리가 기도로 요구하는 것을 들어주시는 도우미 같은 분으로 생각합니다. 하나님은 우리를 위해서 일하시는 도우미가 아니라 우리를 돌보시는 우리의 도움이십니다. 하나님은 우리에게 집세나 받는 집주인이 아니라 온 세상을 다스리시는 우리의 주인이십니다.

하나님은 우리를 섬겨 주시는 섬김이가 아니라 우리를 구원하신 우리의 구세주십니다. 하나님은 그냥 하나의 신이 아니라 모든 것 되시는 우리의 하나님이십니다.

"이르시기를 너희는 가만히 있어 내가 하나님 됨을 알지어다…"(시 46:10).

예수님을 주님과 구주로 영화롭게 해드리고 범사에 그에게 감사를 드리십시오.

February. 13
탓하지 마세요

오늘날 이 사회의 부패와 부도덕에 대해서 누가 책임을 져야 합니까? 끔찍한 범죄에 대한 책임은 어디에 있나요?

우리는 할 수만 있으면 남의 탓을 하려고 합니다. 첫 사람 아담부터 시작하여 우리는 우리 죄에 대해서 책임을 회피해 왔습니다. 아담은 금지된 나무 과실을 따 먹은 것에 대해서 아내인 하와 때문이라고 했습니다. 하와는 자기가 하나님께 불순종하고는 뱀을 탓했습니다. 그들은 결국 모든 피조물을 지으신 하나님께 손가락질을 하고 있는 것입니다. 사라는 자기 문제에 대해서 남편 아브라함을 탓했고, 에서는 장자권을 잃은 것에 대해서 동생 야곱을 탓했고, 아론은 금송아지 우상을 만든 것에 대해서 백성을 탓했고, 사울은 자기가 하나님께 불순종하고 사무엘을 탓했습니다. 그리고 우리는 우리 죄에 대해서 여전히 남을 탓합니다.

우리는 우리가 범한 죄에 대한 책임이 있습니다. 하나님의 공의로운 형벌을 피할 수 없습니다. 다만 하나님의 은혜로만 용서받을 수 있습니다. 사회의 죄악에 대해 남을 탓하지 마십시오.

더욱 책임 있는 그리스도의 사람들이 됩시다!

February. 14

하나님의 임재를 느끼려면

하나님의 임재 가운데 있는 것은 대단히 중요합니다. 하나님을 떠나면 우리는 아무것도 할 수 없습니다(요 15:5). 작은 아이가 힘센 아빠와 함께 있을 때 안전함과 든든함을 느끼듯이 우리도 주님과 함께 있어야 안전하고 든든합니다.

어떻게 해야 항상 하나님의 임재 가운데 있을 수 있나요? 어떻게 해야 항상 주님과 더불어 있을 수 있나요? 무엇을 하든지 하나님을 찬양하세요. 모든 일에 하나님께 감사하세요. 어떤 상황에서든지 하나님을 신뢰하세요. 항상 같이 계시겠다고 하신 약속을 되새기세요. 무슨 일을 하든지 '주님은 어떻게 하실까'를 생각하세요. 무시로 성령 안에서 기도하세요. 무엇을 하든지 주 예수의 이름으로 하세요. 주님이 결코 우리를 버리거나 떠나지 않으신다는 것을 믿으세요. 우리에 대한 하나님의 변함없는 사랑과 돌보심을 기억하세요.

"하나님이 이르시되 내가 반드시 너와 함께 있으리라…"(출 3:12).

위에 제시한 것들을 매 순간 연습해 보십시오. 매일의 삶에서 하나님의 임재를 깨닫게 될 것입니다.

February. 15

유죄에서 무죄로

몇 달 전 아내와 함께 아들 집에 가다가 교통위반 딱지를 떼었습니다. 내가 우회전을 할 때 신호등은 분명히 노란색이었는데 바로 곁에서 숨어서 기다리고 있던 경찰이 교통위반을 했다면서 할 말이 있으면 법정에서 싸우라는 것입니다. 그래서 저는 법원에 편지를 쓰고 기다렸지요. 몇 달이 지나 내가 무죄라는 것과 이미 지불한 벌칙금을 돌려준다는 편지가 왔습니다.

우리 모두는 완전하고 거룩한 하나님 앞에서 유죄입니다. 우리가 하나님의 법을 깨뜨렸기 때문입니다. 그럼에도 예수 그리스도께서 우리의 구주가 되셨고 덕분에 우리는 최고 재판장 앞에서 무죄를 선고받았습니다.

"불법이 사함을 받고 죄가 가리어짐을 받는 사람들은 복이 있고 주께서 그 죄를 인정하지 아니하실 사람은 복이 있도다…"(롬 4:7-8).

예수께서 우리를 위해서 죄의 삯을 다 지불하셨고 우리를 하나님의 자녀요 상속자로 받아주셨습니다.

죄책감과 죄의 굴레에서 벗어나 자유를 누리세요. 그리스도 예수께서 우리를 의롭게 해 주셨습니다.

February. 16

시기심을 조심하세요

시기심은 타인을 향해서 항상 냉소적이며 부정적이게 합니다. 그것은 우리 삶의 길을 망가뜨리는 독입니다. 가인은 자기 동생 아벨을 시기하여 그를 돌로 쳐 죽였습니다. 요셉의 형들은 요셉을 시기하여 그를 낯선 자들에게 팔아 넘겼습니다. 미리암은 자기 동생 모세를 질투하다가 문둥병에 걸렸습니다. 사울왕은 다윗을 시기하여 그를 죽이려는 시도를 여러 번 했습니다. 대제사장들과 장로들은 예수님을 시기하여 그를 빌라도에게 넘겼습니다.

"평온한 마음은 육신의 생명이나 시기는 뼈를 썩게 하느니라" (잠 14:30).

우리가 받은 복을 남들의 것과 비교하지 마십시오. 시기심으로 마음이 굳어지고 마음의 눈이 흐려지고 길이 굽어지지 않게 하십시오. 마음속에 일어나는 시기심을 조심하십시오.

February. 17

마음의 소원을 말하기 전에

사람은 여러 가지 소원이 있습니다. 유명해지고 부유해지는 것, 직위나 계급이 높아지는 것, 아름답고 매력적인 외모를 갖는 것, 강하고 능력 있게 되는 것 그리고 또….

이런 소원들 가운데 하나님이 없으면 대개 그것들을 자신만을 위해서 쓰느라 종종 바람직하지 않은 역효과를 내기도 합니다. 어떻게 해야 우리 마음의 소원을 이룰까요? 스스로 노력하면 어느 정도 이룰 수 있습니다. 여기 하나님께서 우리에게 말씀하신 가장 확실한 전략이 있습니다.

"또 여호와를 기뻐하라. 저가 네 마음의 소원을 네게 이루어 주시리로다"(시 37:4).

마음의 소원을 가지십시오. 주님처럼 더 겸손해지고 싶고, 주의 이름으로 사람들을 섬기고 싶으며, 주의 말씀을 더 잘 배우고 싶고, 주님을 더 닮고 싶으며, 주님을 기뻐하겠다는 소원 말입니다.

그러면 주님은 그의 사랑의 손길이 우리 마음의 소원을 이루어 주신다고 말씀하십니다. 반드시 이 순서를 기억하십시오. 먼저 주님을 기뻐해야 한다는 것을.

February. 18

구원의 즐거움

그리스도인의 삶은 예수님을 통한 죄 용서와 하나님의 자녀로 받아주신 것을 기뻐하는 것입니다. 그리스도를 따르는 우리는 요동과 어려움과 환난 가운데에 있더라도 놀라운 평안을 누릴 수 있습니다. 그런데 왜 많은 이들이 염려하고 내일과 죽음을 두려워하며 살까요? 왜 구원의 기쁨을 잃어버렸을까요? 심각한 죄를 범했던 다윗왕은 하나님의 짓누르는 손길이 두려웠습니다. 그는 이렇게 기도했습니다.

"주의 구원의 즐거움을 내게 회복시켜 주시고 자원하는 심령을 주사 나를 붙드소서"(시 51:12).

그는 영원한 구원을 잃은 것이 아닙니다. 다만 구원의 즐거움을 잃었습니다. 성경을 읽고 묵상하는 일에 게으른가요? 지금 어떤 죄 가운데 있지는 않습니까? 결혼생활에 문제가 있습니까? 혹시 사업에 부정직하지는 않은가요? 그런 죄 가운데 계속 있는 한 하나님의 큰 구원을 즐거워할 수 없습니다. 구원의 즐거움을 회복하기 원합니까? 무슨 죄가 생각나든지 하나님께 자백하고 구원의 즐거움을 회복해 달라고 기도하십시오.

February. 19

누가 최고인가

어느 동네 세탁소에 있는 옷걸이들이 서로 자기가 잘났다고 자랑하고 있었습니다. 코트가 걸린 옷걸이가 말합니다. "이 세탁소에서는 내가 최고야. 이 코트는 무지하게 비싼 것이거든." 와이셔츠가 걸린 옷걸이가 말합니다. "난 내가 최고라고 생각해. 우리 주인은 이 옷을 매일 입거든. 그는 이 동네에서 꽤 성공한 기업인이야." 가죽점퍼가 걸린 옷걸이가 자랑스럽게 말합니다. "이 점퍼가 얼마나 편안한지 너희는 아니? 난 이런 점퍼가 제일 좋더라."

그다음 주에 옷의 주인들이 와서 세탁소에 있던 옷들을 다 찾아갔습니다. 어느 틈에 그들은 텅 빈 옷걸이가 되고 말았습니다.

당신은 요즘에 무엇을 자랑합니까? 외모? 아니면 건강과 힘? 혹시 소유물과 재산인가요? 그런 것들은 아침 이슬처럼 곧 사라져 버립니다.

성령이 거하시는 당신의 속사람은 어떻습니까? 사도 바울처럼 그리스도와 그의 십자가를 자랑합시다.

우리에게는 언제나 주님이 최고입니다!

February. 20
우리가 있어야 할 곳

오늘날 성적 부도덕이 너무나 심각합니다. 심지어 하나님의 백성도 세상과 별반 다르지 않은 것 같습니다. 다윗왕의 간음죄를 보십시오. 삼손과 광야를 떠돌던 이스라엘 백성은 어떤가요?

얼마 전 미국에서 존경받던 퍼트레이어스 장군의 불륜 사건이 있었습니다. 그는 영웅적인 애국자요 군인 중의 군인이며 지성인이었지만 부도덕으로 인해 한순간에 망가졌습니다. 간음이 잘못된 짓이라는 것을 알면서도 한번 걸리기만 하면 술에 취하듯 중독된 자신을 보게 됩니다. 그런 일은 누구에게나 일어날 수 있습니다. 그런 죄와 멀어지는 최선의 방법은 바로 눈을 감고 피하는 것입니다.

"음행을 피하라"(고전 6:18).

유혹을 가지고 장난하지 마십시오. 그것을 놓고 논쟁하지 마십시오. 그것에 대한 환상을 갖지 마십시오. 피하십시오! 피하십시오! 피하십시오! 그 주변에서 어슬렁거리지도 마십시오. 항상 주님께 꼭 붙어 계십시오.

February. 21

우리를 살게 하는 것

기도가 무엇입니까?

기도는 웅변이 아닙니다. 기도는 독백도 아닙니다. 기도는 성령 안에서 하나님과의 연결점입니다. 그것이 없으면 하나님과의 관계가 단절됩니다. 기도는 하나님과 우리 사이의 다리입니다. 그것이 없으면 우리가 하나님을 만나지 못합니다. 기도는 우리를 살게 하는 호흡입니다. 그것이 없으면 영적인 활력을 잃어버립니다. 기도는 아버지 하나님과의 대화입니다. 그것이 없으면 하나님과 소통하지 못합니다. 기도는 생명줄입니다. 그것이 없으면 영적으로 생존할 수 없습니다. 기도는 하나님께 간구하는 것입니다. 우리가 원하는 것을 예수의 이름으로 구해야 합니다. 기도는 주님과의 영적인 씨름입니다. 야곱처럼 주님께 단단히 매달려야 합니다. 기도는 하나님께 순복하는 것이며 범사에 하나님을 의지하는 것입니다. 당신에게 기도는 무엇입니까?

기도를 더욱 힘써 배웁시다!

February. 22

골방과 장터

"너는 기도할 때에 네 골방에 들어가…"(마 6:6).

골방은 하나님과 교제하는 곳이고 장터는 이웃들에게 하나님을 증거하는 곳입니다.

골방은 하나님에 대해서 배우는 곳이고 장터는 하나님에 대해서 가르치는 곳입니다.

골방은 하나님의 음성을 듣는 곳이고 장터는 그 음성을 세상에 전달하는 곳입니다.

골방은 우리 자신을 들여다보는 곳이고 장터는 이웃을 돌아보는 곳입니다.

골방은 기도의 씨름을 하는 곳이고 장터는 삶의 씨름을 하는 곳입니다.

골방은 성령의 능력을 힘입는 곳이고 장터는 세상의 유혹을 이기는 곳입니다.

골방은 하나님과 고요한 시간을 갖는 곳이고 장터는 소음 가운데 경건하게 사는 곳입니다.

골방에서 하나님의 전신갑주를 입고 장터에서 벌어지는 영적 싸움에서 이기십시오.

February. 23

도끼의 자랑

"도끼가 어찌 찍는 자에게 스스로 자랑하겠으며…"(사 10:15).

예수 그리스도를 따르는 우리는 하나님의 밭에서 쓰이는 '도구'와 같습니다. 우리는 작가의 손에 있는 연필과 같고, 우리는 화가의 손에 있는 붓과 같고, 우리는 연주자의 손에 있는 악기와 같습니다. 우리는 세상에 하나님의 빛을 밝히는 작은 촛불과 같습니다. 우리는 태양 빛을 반사하는 달과 같습니다. 도구가 무슨 일을 한 후에 자랑합니까? 아닙니다. 일한 사람이 칭찬을 듣습니다.

우리는 종종 하나님께서 우리를 통하여 무슨 일을 하신 후에 그걸 스스로 자랑합니다. 모든 공로와 찬양은 마땅히 하나님께 돌려야 합니다. 우리는 스스로 자랑할 수도 없고 해서도 안 됩니다. 하나님 앞에서 더 겸손해집시다. 우리를 사용하시는 주의 이름이 더 높아지도록….

우리는 주님의 손에 쥐어진 도끼일 뿐입니다.

February. 24

다 지불했습니다

미주리 주의 웨인즈빌과 테네시 주의 클락스빌 한인 교회에서 부흥회를 인도하고 돌아왔습니다.

집회 후 호텔 체크아웃을 하려고 하는데 숙박비를 비롯해서 여러 명목으로 돈을 지불하라는 명세서를 받았습니다. 긴 명세서 맨 밑을 보니 정작 지불할 금액은 $0.00이었습니다. 교회가 이미 다 지불했기 때문에 내가 낼 돈은 전혀 없었습니다. 이때 예수께서 2,000년 전에 나를 위해서 십자가에서 다 이루신 구속하심이 생각났습니다.

"또 그들의 죄와 그들의 불법을 내가 다시 기억하지 하니하리라 하셨으니 이것들을 사하셨은즉 다시 죄를 위하여 제사 드릴 것이 없느니라"(히 10:17-18).

구원은 하나님이 거저 주시는 선물입니다. 하나님은 예수님을 통해서 모든 빚을 탕감해 주셨습니다.

그 큰 구원을 인하여 하나님께 감사하고 찬양하십시오! 항상 주의 은혜 가운데 사십시오!

February. 25

무엇을 보고 있습니까

한번은 베드로와 다른 제자들이 폭풍이 부는 어두운 밤에 예수께서 바다 위로 걸어오시는 것을 보았습니다. 제자들이 두려워하는데 예수께서 "두려워 말라, 나다!" 하고 말씀하셨습니다. 그때 베드로가 말했습니다. "주여, 만일 주님이시면 내가 물 위를 걸어서 주님께 갈 수 있게 명령해 주십시오!" 예수께서 "오라!"고 하셨습니다. 인정사정없는 시커먼 파도가 베드로의 얼굴을 칩니다. 베드로는 그만 예수님이 아닌 주변에 성난 파도를 바라보게 되었습니다. 한순간에 그는 물에 빠져 허우적거립니다. 예수께서 곧 손을 내밀어 그를 구해 주시면서 "믿음이 작은 자여, 왜 의심하였느냐?"(마 14:31)고 말씀하셨습니다.

지금 무엇을 보고 있습니까? 자신의 문제, 환경, 약점, 과거의 실패를 보고 있습니까? 대학 시절에 배운 찬송이 기억납니다. "주께 네 눈을 돌려 그의 아름다운 얼굴을 보라. 그러면 세상의 것들이 이상하게도 그의 영광과 은혜 가운데 희미해질 것이다."

예수님께 두 눈의 초점을 맞추십시오! 그러면 두려움과 의심과 염려의 풍랑을 능히 이겨낼 수 있습니다.

February. 26

약속을 지키세요

약속은 지키기 위해서 있습니다. 그런데 많은 이들이 약속을 쉽게 어깁니다. 물론 많은 핑계가 있습니다.

도중에 무슨 일이 생겨서, 교통체증이 심해서, 갑작스럽게 손님이 찾아와서, 간혹 말하지 못하는 이유도 있습니다. 약속을 완전히 잊어버렸거나, 너무 게을렀거나, 약속을 중요하게 여기지 않았거나, 약속을 어기는 것이 습관이 되었거나…

약속을 자주 어기면 어떻게 될까요? 신뢰를 잃고 인간관계에 손상을 입습니다. 결국 인생이 더 힘들게 됩니다.

"또 약속하신 이는 미쁘시니…"(히 10:23).

하나님은 자신의 약속을 꼭 지키십니다. 주님은 약속에 대해서 신실하고 진실하십니다. 주의 약속을 붙잡고 사십시오! 주님을 전적으로 신뢰하고 담대하십시오!

우리도 하나님과 이웃과 또 자신과 맺은 약속을 꼭 지키는 그리스도인이 되어야 합니다.

February. 27
빌릴 수 없습니다

얼마 전 〈타임〉지에 물건을 빌려 쓰는 것에 관한 흥미로운 기사가 실렸습니다. 요즘에는 물건을 구매하는 일에 매력을 덜 느낀다고 합니다. 대부분의 물건을 빌려 쓸 수 있기 때문입니다. 임부복에서부터 화장(火葬) 전의 관까지 렌트가 가능합니다. 평생 몇 번 착용하지 않는 다이아몬드 목걸이라면 5,000불을 주고 사는 것보다 빌려 쓰는 것이 났습니다. 실제로 자주 사용하는 것이 아니라면 구입보다 잠시 빌려 쓰는 것이 경제적이지요.

단 절대로 렌트할 수 없는 것이 있습니다. 우리의 믿음입니다. 독실한 아내의 믿음을 남편이 렌트할 수 없고, 부모의 신앙이라고 자녀들이 렌트할 수 없습니다. 한 사람, 한 사람이 스스로 예수 그리스도를 믿어야 합니다.

"이러므로 우리 각 사람이 자기 일을 하나님께 직고하리라" (롬 14:12).

February. 28

숨겨진 보물

북극은 금, 백금, 구리, 아연, 니켈과 납을 비롯하여 천연 가스와 석유 등의 귀한 자원이 많이 매장된 보물단지 같은 풍요의 땅입니다. 이 북극의 빙산이 지구 온난화 때문에 급속하게 녹아내리고 있어서, 이제는 지하자원 개발이 훨씬 수월해졌습니다.

우리가 주님을 의지할 때 주께서 우리에게 거룩한 하나님의 성품과 함께 영적 은사 등의 보물들을 주신 사실을 아십니까?(벧후 1:4) 그런데 그 귀한 보물들이 욕심, 불순종, 게으름, 불신 그리고 세속성이라는 '죄의 빙하'에 두껍게 덮여 있습니다. 그런 것들이 진정한 회개와 하나님과 그의 말씀에 대한 진실한 순종으로 모두 녹아 내려야 합니다. 그러면 그리스도 안에 숨겨진 보물들을 향유하게 됩니다.

영적인 은사와 보물을 방치하거나 묻어 두지 마십시오! 더욱 풍성한 삶과 주님의 영광을 위하여 그것들을 더욱 개발하고 힘써 사용하십시오!

February. 29
담을 뛰어넘는 믿음

만일 오늘 기쁜 일이 생기면, 교만한 마음을 갖지 말고 하나님께 감사하십시오.

중요한 갈림길에 서게 되면, 쉬운 길이 아니라 옳은 길을 택하십시오.

기대하지 않던 뜻밖의 행운을 만나면, 그것을 혼자만 간직하지 말고 다른 이들과 나누십시오.

감당하기 힘든 어려운 문제가 닥치면, 낙담하여 포기하지 말고 믿음의 용기를 발휘하십시오.

예상치 않은 시련이 다가오면, 두려워서 눈을 감지 말고 오히려 믿음의 눈을 뜨십시오.

가슴을 찢는 아픈 일이 생기면, 서러워서 울지 말고 기도의 눈물을 흘리십시오.

그리고 생각지 못한 장애물이 나타나면, 낙담하여 주저앉지 말고 믿음으로 담을 뛰어넘으십시오.

"내가 주를 의뢰하고 적군에 달리며 내 하나님을 의지하고 담을 뛰어넘나이다"(시 18:29).

The Scent of Gospel

3
March

성령도 우리의 연약함을 도우시나니
우리는 마땅히 기도할 바를 알지 못하나
오직 성령이 말할 수 없는 탄식으로
우리를 위하여 친히 간구하시느니라.

롬 8:26

March. 1
허리를 굽히시고

"여호와는 모든 나라보다 높으시며 그의 영광은 하늘보다 높으시도다. 여호와 우리 하나님과 같은 이가 누구리요? 높은 곳에 앉으셨으나 스스로 낮추사 천지를 살피시고"(시 113:4-6).

이 구절의 '스스로 낮추사'는 '허리를 굽히시고'라는 뜻이 있습니다. 우리 주 하나님은 높이 들리시고 영광스러운 보좌에 앉아 계십니다. 그런 하나님이 친히 허리를 굽히시고 우리에게 가까이 다가오십니다. 하나님은 우리에게 닿지 않으실 정도로 멀리 계시지 않습니다. 하나님은 우리에게 오지 못하실 정도로 높이 계시지 않습니다. 하나님은 우리와 시간을 보내지 못하실 정도로 바쁘지 않으십니다. 하나님은 우리 죄를 용서하지 못하실 정도로 엄하지 않으십니다. 하나님은 허리를 굽혀 스스로 낮추셔서 우리의 기도를 들으시고, 우리의 상한 마음을 위로하시고, 우리의 눈물을 닦아 주십니다. 주님은 항상 우리를 돌보시고 약할 때 힘을 주시는 사랑의 아버지십니다. 주님은 우리를 평안 중에 푸른 초장에 누이는 선한 목자십니다. 지금도 하나님은 우리와 더 가까이 계시려고 우리를 향해 자신을 낮추고 있다는 사실을 기억하십시오!

March. 2
칼이 녹슬기 전에

우리 집에 있는 연장통에는 다용도로 사용할 수 있는 작은 칼이 있습니다. 얼마 전 연장통을 열어 보고 깜짝 놀랐습니다. 칼이 심하게 녹이 슬어서 쓸 수가 없었습니다. 너무 오랫동안 칼을 사용하지 않은 까닭입니다.

당신의 영적 은사는 어떤가요? 받은 은사를 주님의 일을 위해서 사용하고 있습니까, 아니면 자기 자신만을 위해서 움켜쥐고 있습니까?

당신은 밝고 친절한 사람입니까? 사람들을 환영하고 대접하기를 좋아합니까? 한두 가지 악기를 잘 연주할 수 있습니까? 약한 자와 병든 자에 대해서 따뜻한 마음이 있습니까? 아이들이나 청소년을 가르치기 좋아합니까? 그러면 교회에서 무엇을 해야 할지 아실 것입니다.

"부지런하여 게으르지 말고 열심을 품고 주를 섬기라"(롬 12:11).

재능과 시간을 낭비하지 마십시오! 귀한 인생이 녹슬지 않게 하십시오! 하나님은 손과 발이 없으시기 때문에 그의 일을 하실 때 자주 우리의 손발을 사용하십니다.

March. 3
어린아이의 마음으로

"… 너희가 돌이켜 어린 아이들과 같이 되지 아니하면 결단코 천국에 들어가지 못하리라"(마 18:3).

어린아이같이 된다는 말은 무슨 뜻인가요? 그것은 어린아이처럼 무지하고 이기적이며 미숙한 사람이 되라는 뜻이 아닙니다. 그것은 어린아이처럼 순진하고 의존적이며 솔직하라는 뜻입니다. 성경은 우리가 악에 대해서는 어린아이가 되고 지혜에는 장성한 사람이 되라고 말합니다(고전 14:20).

C.S. 루이스도 "우리는 아이의 마음을 가지되 어른의 머리를 가져야 한다"고 말했습니다. 하나님의 나라에 들어가려면 아이처럼 되어야 하지만 미숙한 상태로 계속 머물러 있으면 안 됩니다. 신체적으로도, 영적으로도 성장해야 합니다.

"단단한 음식은 장성한 자의 것이니 그들은 지각을 사용함으로 연단을 받아 선악을 분별하는 자들이니라"(히 5:14).

자신에게 더 좋은 양식을 먹이십시오. 그리고 주 안에서 더 강해지도록 단련하십시오!

March. 4

흔들리지 마십시오

선거에서 어떤 후보자를 선택할지 고민하느라 이리저리 흔들리고 있는 사람들을 향해 부동표를 가졌다고 말합니다. 양당 정치 제도에서는 두 개의 대표적인 정당 중에서 하나를 택할 수 있는데 부동표는 단어 그대로 '떠다니는 표'로서 선거에 큰 변수를 불러오기도 합니다.

교회에도 '부동 신자'가 있습니다. 선지자 엘리야 시대에는 많은 사람들이 하나님과 바알 사이에서 우왕좌왕했습니다.

"… 너희가 어느 때까지 두 사이에서 머뭇머뭇 하려느냐? 여호와가 만일 하나님이면 그를 따르고 바알이 만일 하나님이면 그를 따를지니라 하니…"(왕상 18:21).

여호수아는 이렇게 말했습니다. "… 오직 나와 내 집은 여호와를 섬기겠노라"(수 24:15).

선거에서 부동표는 중요한 역할을 할 수 있지만 부동 신앙은 불신의 위험이 있습니다.

당신은 지금 누구를 섬길지 선택하십시오.

March. 5

정말 믿나요

누구든지 믿음으로 하나님 앞에 나아오면 다 구원받을 수 있다고 믿나요? 우리가 과거에 어떤 사람이었든지 지금 어떻든지 하나님은 우리를 사랑하신다는 것을 믿나요? 하나님은 선한 목자시기 때문에 우리를 잔잔한 물가로 인도하신다는 것을 믿나요? 하나님은 원하시기만 하면 우리를 위해서 무엇이든지 하실 수 있다고 믿나요? 이 모든 질문에 '예'라고 대답했습니까? 그렇다면 모든 상황에서 주를 믿어야 합니다.

주께서 약속하신 대로 우리의 모든 필요를 채워주실 것을 믿어야 합니다(빌 4:19).

주께서 세상 끝날까지 우리와 함께 계실 것을 믿어야 합니다(마 28:20).

주께서 모든 시험과 위험에서 우리를 보호하실 것을 믿어야 합니다(고전 10:13).

이런 사실을 머리로는 다 알고 있지만 마음으로 믿기는 참 어렵습니다. 주님과 그의 선하심을 믿으십시오! 더 이상 염려와 고민에 빠지지 마십시오! 범사에 주 예수님을 진실된 마음으로 믿으십시다!

March. 6
속도를 줄이세요

요즘에는 모든 것이 빨리 돌아갑니다. 사람들도 모두 빠르게 움직이지요. 일확천금을 노리거나 하룻밤 사이에 많은 일을 해내려고 합니다. 항상 급하게 운전하고 식사도 빨리 합니다. 신자들마저 한걸음에 성숙해지려고 합니다.

조금만 속도를 줄이세요! 속도를 줄여 운전하면 아름다운 주위 풍경을 볼 수 있습니다. 조금만 천천히 음식을 먹으면 소화가 더 잘 됩니다. 성경도 조금만 천천히 읽으면 더 귀한 메시지들을 발견할 수 있습니다. 기도할 때도 조금만 더 천천히 말하면 무엇을 기도해야 할지 잘 알게 됩니다. 더 좋은 근육과 체격을 가지려면 상당한 시간이 걸립니다. 신앙적으로도 성숙해지려면 많은 시간이 걸립니다.

기도한 후에는 하나님의 응답을 기다리세요. 마음을 고요하게 해야 하나님의 음성이 들립니다. 기도는 웅변이 아니라 하나님과 영적인 교제를 나누는 것입니다. 서둘거나 밀어붙이지 마십시오. 그러나 게을러지거나 나태해지는 건 경계해야겠지요. 일상에서 조금만 속도를 줄이세요.

하나님께서 우리 속에서 일하시도록 말입니다.

March. 7
왜 기도합니까

하나님은 전지전능하십니다. 원하기만 하면 무엇이든지 하실 수 있습니다. 우리에게 무엇이 필요한지도 다 아십니다. 우리에 대해 다 알고 계시는데 왜 기도해야 할까요? 스펄전 목사는 이렇게 말했습니다.

"기도의 행위는 우리의 무가치성을 가르친다. 진정한 기도는 우리의 부족함을 드러내는 것이고, 우리에게 필요한 것을 열거하는 것이며 숨겨진 궁핍을 나타내는 것이다… 기도는 인간의 공허를 고백하는 것이다."

기도는 하나님을 위한 것이 아닙니다. 하나님은 우리의 기도나 칭찬이 필요하지 않습니다. 우리는 기도를 통해서 우리의 '무'(無, Nothingness)와 하나님의 '모든 것'(Everything) 되심을 깨닫고 성장하며 또 변화합니다.

기도를 통해서 하나님과 더 가까워지고, 기도를 통해서 우리의 삶이 더 풍성해지고, 기도를 통해서 하나님을 더 의지하게 됩니다. 기도는 결국 우리 자신을 위한 것임을 기억하십시오! 자신을 사랑하는 사람은 더욱 기도합니다.

March. 8
에어백을 점검하세요

"쉬지 말고 기도하라"(살전 5:17).

미국의 국립고속도로교통안전국(NHTSA)에서는 멀쩡한 자동차 에어백이 실험 사고에서 터지지 않거나 혹은 실제로 그것이 터지면서 운전자에게 날카로운 파편을 쏟아 댄 사례도 있다고 합니다. 운전자의 안전을 위해서 장착된 에어백이 종종 운전자를 공격하는 무기가 되고 있습니다. 따라서 자기 차가 이런 위험을 가진 모델인지 확인하도록 권고하고 있으며, 특히 최근에 공식 딜러와 무관한 곳에서 자동차 정비를 받았으면 더욱 주의하라고 경고합니다.

거짓 영성도 얼핏 보면 아무 해가 없을 것 같아 보이지만 그것은 자신뿐 아니라 내 가족의 영혼에도 심각한 피해를 입힐 수 있습니다.

"거짓 선지자들을 삼가라. 양의 옷을 입고 너희에게 나아오나 속에는 노략질하는 이리라"(마태 7:15).

안전을 위해서 에어백을 재차 확인하듯이 우리 영혼과 영원을 위해서 거짓 복음과 거짓 증인들을 주의하십시오!

March. 9
정말 공짜입니까

광고에서 '무료!'라고 하면 무슨 생각이 먼저 듭니까? 저는 무료라는 말을 그대로 받아들이지 못합니다. 무료라는 말 뒤에는 나중에 지불해야 하는 숨겨진 덫이 있기 때문입니다. 고객에게 아무 비용도 부담시키지 않으면서 어떻게 사업을 유지할 수 있을까요? 그러나 우리의 구원과 영생을 위한 하나님의 계획에는 '정말 공짜'가 있습니다.

"그리스도 예수 안에 있는 속량(구속)으로 말미암아 하나님의 은혜로 값 없이 의롭다 하심을 얻은 자 되었느니라"(롬 3:24).

우리 위해서 대신 죽으신 예수님을 통해서 우리는 '정말 공짜'로 의롭게 되었습니다. 다만 주님을 믿고 신뢰하기만 하면 영원한 구원을 하나님의 선물로 받을 수 있습니다. 너무 쉽다고요? 너무 싸다고요? 많은 이들이 깨닫지 못하는 것은 그것이 우리에게는 거저이지만 하나님께는 거저가 아니라는 사실입니다. 독생자의 피로 그 값을 이미 지불하셨습니다. 하나님의 이 놀라운 선물을 받으십시오! 그리고 하늘의 평안과 영광을 누리십시오!

March. 10
고장 난 기도

"또 기도할 때에 이방인과 같이 중언부언하지 말라. 그들은 말을 많이 하여야 들으실 줄 생각하느니라"(마 6:7).

기도에는 여러 타입이 있습니다. '지혜롭지 못한 기도'를 생각해 보십시오.

고장 난 녹음기 같은 기도. 무의미한 말을 자꾸 반복합니다. 그런 기도는 우리를 짜증나게 합니다.

고장 난 라디오 같은 기도. 우리가 알아들을 수 없는 잡음을 냅니다. 그들은 무엇을 기도하는지 모릅니다.

고장 난 형광등 같은 기도. 자꾸 깜빡거립니다. 그들은 꾸준히 기도하지 못합니다.

고장 난 전화기 같은 기도. 나는 말하지만 상대방은 듣지 못합니다.

우리는 종종 일방적으로 말을 너무 많이 해서 하나님이 말씀할 기회를 드리지 않습니다. 예수께서 '주의 기도'에서 보여 주신 것같이 바른 기도를 더 잘하도록 배우고 연습합시다.

March. 11
믿음에 덕을 더하라

우리는 예수를 믿음으로 구원받았습니다(엡 2:8). 우리는 믿음으로 보호를 받습니다(벧전 1:5). 우리는 믿음으로 세상을 이깁니다(요일 5:4). 우리는 믿음으로 정결함을 받았습니다(행 15:9). 오직 의인은 믿음으로 삽니다(롬 1:17).

이제 우리는 믿음을 넘어서 더 나아가야 합니다. 그것이 무엇입니까?

"그러므로 너희가 더욱 힘써 믿음에 덕을…(더하라)"(벧후 1:5).

고등교육을 받은 유능한 이들은 많습니다. 독실하고 신령한 이들도 많습니다. 그렇지만 순전한 믿음에 덕을 갖춘 이들을 찾기는 그리 쉽지 않아 보입니다. 믿음은 영적 생활의 기초입니다. 하나님은 우리가 겸손하고 정직하고 경건한 덕을 가진 사람이 되기를 기대하십니다. 더 유명해지고 더 많은 직위를 구하기보다 더 덕스럽고 품격 있는 자가 되기를 기도하십시오! 예수님의 이름이 더 높아지고 우리의 이름은 더 낮아지기를 기도합시다!

March. 12

가장 좋은 협력자

우리는 모두 다른 이들의 도움을 받고 삽니다. 아이와 청소년은 엄마와 아빠의 도움으로 성장하고, 학생은 교사의 도움으로 배우고, 우리는 하나님의 도움으로 삽니다.

그렇다면 성령이 우리를 가장 잘 도우시는 협력자인 것을 인식합니까? 성령은 보이지 않지만 그분은 영이므로 우리가 있는 어디나 계십니다. 그분은 언제나 우리를 도울 준비가 되어 있습니다. 그분은 하나님이시며 늘 우리 안에 계십니다. 그분은 우리를 위로하는 보혜사십니다.

"이와 같이 성령도 우리 연약함을 도우시나니…"(롬 8:26).

그렇습니다. 성령이 가장 좋은 협력자십니다. 어느 때나 성령께 도움을 청하십시오. 어려운 때에 성령을 의지하십시오. 그리고 항상 성령 충만을 간구하십시오.

March. 13

누구든지 받을 수 있는 것

대학교에서는 자격을 갖춘 학생들만 입학시킵니다. 회사에서도 유능한 사람만 직원으로 채용합니다. 사관학교에서도 건강하고 총명한 생도만 뽑습니다. 일반적으로 세상은 자격 있는 사람만 환영합니다. 그래서 수백만의 사람들이 자기가 희망하는 다양한 분야에서 제외되는 것입니다. 그런데 그리스도 안에는 복된 '누구든지'가 많습니다.

누구든지 목마르거든 예수께서 주시는 물을 마시면 다시는 목마르지 않습니다(요 4:14). 누구든지 주 예수를 믿는 사람은 멸망하지 않고 영생을 얻습니다(요 3:16). 누구든지 사람 앞에서 예수님을 시인하면 주님도 하늘에 계신 아버지 앞에서 그 사람을 시인하십니다(마 10:32). 누구든지 주의 이름을 부르는 자는 구원을 얻습니다(롬 10:13). 누구든지 원하는 자는 거저 주시는 생명수의 선물을 받을 수 있습니다(계 22:17).

하나님의 말씀에는 훨씬 더 많은 '누구든지'가 있습니다. 그래서 우리도 하나님의 가족으로 받아들여진 것입니다.

March. 14

물 없는 호수

캘리포니아 북부에 있는 '오언스 호수'(Owens Lake)는 메마른 호수입니다. 전에는 물이 넘쳐흘렀다고 하는데 빙하가 녹은 후에는 물이 줄었고, 사람들의 개발사업으로 메마름은 더욱 악화되었습니다. 현재 호수는 진흙과 모래와 여러 화학물질이 섞인 넓고 평평한 소금밭이 되어 생명체가 없습니다. 하나님께서는 우리가 주님을 믿을 때 성령을 통하여 우리 속에 생수의 샘을 솟아나게 하셨습니다. 그것은 항상 이웃에게 흘러 넘쳐야 합니다.

"… 내가 주는 물은 그 속에서 영생하도록 솟아나는 샘물이 되리라"(요 4:14).

지금 당신의 영혼의 샘은 어떤가요? 넘쳐흘러서 동료와 이웃에게 흘러나갑니까, 아니면 다 말라버리고 말았습니까? 많은 이들이 이른바 '명목상의 그리스도인'의 모습으로 살아갑니다. 이름은 기독교인인데 그 안에 그리스도가 없습니다. 마치 호수라면서 물이 없는 것과 같습니다. 당신의 샘이 흐르고 넘쳐흘러서 이웃들이 넉넉히 마시게 하십시오!

March. 15

이것은 무엇일까요

모든 사람이 어느 정도 '이것'을 가지고 있지만 그것을 깨닫는 사람은 아주 소수입니다. 이것을 더 많이 가질수록 그것을 더 적게 깨닫습니다. 우리는 이것을 가진 사람들을 싫어하지만 자신이 이것을 가지고 있다고 인정하기 싫어합니다. 이것이 나를 채우면 치욕이 오고(잠 11:2), 이것은 항상 다툼을 일으킵니다(잠 20:3). 이것은 패망의 앞잡이이고(잠 16:18) 이것은 자기기만이요 스스로 어리석은 것입니다.

하나님은 이런 자를 물리치시고 이런 자의 집을 허물어버리십니다. 유다왕 웃시야는 이것 때문에 왕위를 빼앗겼고, 사울왕도 이것 때문에 문제가 많았습니다.

이제 뭘 말하는지 아시겠지요? 그렇습니다. 교만입니다.

주 앞에서 더 겸손해지는 것을 배웁시다! 하나님은 겸손한 자에게 더 큰 은혜를 주십니다(약 4:6).

March. 16
유통기한이 없습니다

유통기한은 상품진열대의 수명과 같은 것입니다. 대부분의 제품에는 어느 날까지 판매하거나 사용하라고 표시되어 있는데, 그 기간이 지난 것들은 더 이상 신선도나 그 효과를 기대할 수 없기 때문에 상품진열대에서 제거해야 합니다. 우리의 인생도 소위 '수명'이라는 기간이 있습니다.

"우리의 연수가 칠십이요 강건하면 팔십이라도…"(시 90:10).

인생에도 유통기한이 있습니다. 그런데 유통기한이 없는 것이 있습니다. 그것은 언제나 신선하고 생생하게 살아 있습니다. 제한 수명이 없는 것, 그것은 곧 하나님의 말씀입니다.

"너희가 거듭난 것은 썩어질 씨로 된 것이 아니요 썩지 아니할 씨로 된 것이니, 살아 있고 항상 있는 하나님의 말씀으로 되었느니라"(벧전 1:23).

하나님의 말씀은 조금도 변하지 않았고 또 영원히 변하지 않을 것입니다. 유통기한이 없는 이 생명의 말씀을 더욱 사랑하고 오직 이 말씀으로 사십시오!

March. 17

우선순위를 재조정합시다

아침에 기상하면 대개 무슨 일을 합니까? 씻고, 식사하고, 스마트폰 점검하고, 직장에 갈 준비를 합니다. 밤에 잠자리에 들기 직전에는 어떻습니까? 책을 읽거나 TV나 인터넷을 보고, 아이들과 놀거나 쉬거나 하겠지요.

우리는 늘 바쁘다고 생각합니다. 그러면 바쁘지 않을 때는 무엇을 합니까? 여가시간이나 휴일에는 무엇을 하나요? 집 청소 등 허드렛일이 많겠지요. 하루와 한 주간의 스케줄을 되도록 지혜롭게 재정리하기를 제안합니다. 성경을 묵상하며 하나님의 음성을 듣고 '서두르지 않는 기도'를 통해서 하나님께 말씀하십시오.

그리고 주님을 위해서 무엇인가 하십시오! 주님은 우리를 위해서 놀라운 일들을 하셨습니다. 이제는 우리가 주님을 위해서 무언가 할 때입니다. 하루와 한 주간 시간표를 다시 점검하십시오!

시간은 생각보다 빨리 지나가고 때가 악합니다(엡 5:16).

빈손으로 하나님을 만나지 않도록 하십시오!

March. 18
어리석은 자

요즘 사람들은 예전 사람들보다 더 많은 정보를 가지고 있고 뭐든지 더 많이 알고 있습니다.

그런데 성경은 세상에는 언제나 어리석은 자들이 있다고 말합니다. 누가 어리석은 자들일까요? 마음에 "하나님이 없다"고 말하는 사람은 어리석은 사람입니다(시 14:1). 그런 사람은 잘난 척하는 무신론자입니다. 하나님의 말씀을 거역하는 사람은 어리석은 사람입니다(잠 15:5). 그런 사람은 교만한 불신자입니다. 자기 집을 모래 위에 짓는 사람은 어리석은 사람입니다(마 7:26). 그는 하나님의 말씀을 들어도 순종하지 않습니다. 그런 사람은 이론가일 뿐 행위자가 아닙니다. 급하게 분노하는 사람은 어리석은 사람입니다(잠 14:17). 참지 못하고 늘 비판자 역할을 합니다. 그런 사람은 하나님의 판단을 받습니다. 등은 가졌는데 그 안에 기름이 없는 사람은 어리석은 사람입니다(마 25:3). 그는 종교적일지 모르나 영적이지는 못합니다. 그에겐 종교가 아니라 그리스도가 필요합니다.

어떤 종류라도 어리석은 자가 되지 마십시오! 지혜로운 자가 되어 우리 주님 안에서 사십시오!

March. 19
염려가 약해지려면

민음과 염려는 결코 친구가 아닙니다. 염려는 우리에게서 믿음을 밀어냄으로써 마음의 자리를 차지하려고 합니다. 염려는 아주 간사한 적으로 믿음만이 그 문제를 해결할 수 있습니다.

믿음이 들어오면 염려는 쫓겨납니다. 믿음이 늘어나면 염려는 힘을 잃습니다. 믿음이 장악하면 염려는 자리를 잡지 못합니다. 믿음이 등장하면 염려는 의기양양하던 꼬리를 내립니다. 믿음이 하나님을 붙잡으면 염려는 우리를 놓습니다. 믿음이 강해질수록 염려는 약해집니다. 믿음이 우리 마음을 채우면 염려는 들어오지 못합니다.

"아무것도 염려하지 말고 다만 모든 일에 기도와 간구로 너희 구할 것을 감사함으로 하나님께 아뢰라"(빌 4:6).

더 강하고 깊은 믿음을 위해서 기도합시다! 믿음은 세상을 이깁니다!

March. 20

잡목 제거를 하는 이유

로스앤젤레스 소방국은 화재 예방을 위해서 나무와 풀이 많은 가정에 주변의 잡목을 제거하라는 공문을 매년 보냅니다. 풀과 잡초는 약 8센티미터 높이까지 자르고 나뭇가지는 지상에서 약180센티미터까지 정리하고, 자른 나뭇가지와 쓰레기는 잘 처리해야 합니다. 공중에서 비행기로 검사를 하는데 만일 제대로 되어 있지 않으면 벌금을 냅니다.

우리의 일상 속에도 위험하고 깨끗하지 않은 잡목과 쓰레기가 많다는 것을 생각해 보았습니까? 누추한 농담, 덕스럽지 못한 잡담, 부끄러운 습관들, 게으름과 음란한 생각 등을 떠올릴 수 있지요. 먼저 우리의 생각과 언어를 정결하게 합시다. 특히 읽는 것과 보는 것을 조심하십시오!

"망령되고 허탄한 신화를 버리고 경건에 이르도록 네 자신을 연단하라"(딤전 4:7).

잡목 제거는 법에 따라 1년에 한 번으로 족하지만 우리의 말과 행동은 매일 정결하게 해야 합니다.

March. 21
어떻게 기다릴까

공항 대합실에서는 많은 이들이 비행기 출발을 기다리고 있습니다. 책을 읽거나 스마트폰을 보는 사람, 대화하는 사람, 이곳저곳을 걸어 다니는 사람, 벤치에서 먹거나 자는 사람들이 보입니다. 한 가지 공통점이 있다면 탑승구가 열리기를 바라보고 있다는 것입니다. 무얼 하든지 어디에 있든지 그들의 눈은 탑승구 쪽을 향하고 있습니다.

우리는 주님의 재림을 어떻게 기다려야 할까요? 지혜로운 다섯 처녀처럼 우리의 등에 기름을 채워서 언제든지 밝게 비출 수 있게 하십시오! 항상 깨어 있어서 주님 오실 때 뒤에 남겨지지 않게 하십시오! 평소의 생활을 계속하되 주를 바라보십시오! 결코 되는 대로 살며 게을러지지 마십시오! 가정과 일터에서 계속해서 주를 위해 일하십시오! 주님은 자고 있는 사람을 원치 않으십니다. 무얼 하든지 어디에 있든지 주님의 오심을 위해 눈과 귀를 활짝 열어 두십시오! 예수님은 머지않아 꼭 오십니다. 성경이 그렇게 말하고 이 세상이 그것을 보여줍니다.

신랑을 기다리는 지혜로운 다섯 처녀처럼 깨어 있으십시오!

March. 22
하나님의 시력

하나님의 시력은 원시일까요, 아니면 근시일까요? 저는 하나님의 시력이 세 가지라고 생각합니다. 즉 미리 보시고, 깊이 보시고, 눈감아 주시는 것이지요.

하나님은 미리 보십니다(foresighted). "그가 하나님께서 정하신 뜻과 미리 아신 대로…"(행 2:23).

하나님은 모든 것을 앞서서 보십니다. 우리의 미래도 다 알고 계시지요.

하나님은 깊이 보십니다(in-sighted). "나 여호와는 심장을 살피며 폐부를 시험하고…"(렘 17:10).

하나님은 우리 마음 깊은 곳을 들여다보십니다. 우리의 숨겨진 생각도 다 아시지요.

하나님은 눈감아 주십니다(over-sighted). "… 이는 하나님께서 길이 참으시는 중에 전에 지은 죄를 간과하심으로…"(롬 3:25).

하나님은 우리 죄를 못 본 체하십니다. 그래서 우리는 용서받고 구원받았습니다. 하나님의 오래 참으시는 사랑에 감사합시다! 우리는 언제나 그의 놀라운 시력 안에 있습니다.

March. 23
지연되는 기도 응답

우리의 기도가 원하는 만큼 신속하게 응답되지 않을 때 우리는 염려하고 실망합니다.

하나님은 왜 기도 응답을 늦추실까요? 우리가 주님을 기다리도록 가르치시는 것입니다. 우리가 주님만 전적으로 의지하도록 가르치십니다. 우리 자신을 부인하는 것을 배우게 하십니다. 우리를 더 낮추고 겸손하게 하십니다. 우리가 범사에 주님이 필요하다는 것을 깨닫게 하십니다.

기도 응답이 늦을 때 어떻게 해야 합니까? 불평하지 마십시오! 자칫 범죄하기 쉽습니다. 조바심을 내지 말고 하나님의 때를 기다리십시오. 다른 대안을 마련하지 마십시오! 믿음을 잃기 쉽습니다. 결코 포기하지 마십시오!

"너는 마음을 다하여 여호와를 신뢰하고 네 명철을 의지하지 말라"(잠 3:5).

"지연이 거부는 아니다"(Delay is not denial). 이 사실을 기억하시고 믿음으로 계속 기도하십시오!

March. 24
마르지 않는 우물

내가 아주 어렸을 적에 동네에는 깊은 우물이 있었습니다. 너무 깊고 어두워서 들여다보기가 무서웠고 아이들이 그 주변에서 놀 때에는 어른들로부터 언제나 조심하라는 말을 들었습니다. 그 우물물은 맑고 시원했습니다. 전혀 오염되지 않았고 가물 때에도 물이 마르지 않았던 것이 기억납니다. 여름에는 차가웠고 겨울에는 따뜻하게 느껴졌습니다.

그리스도를 믿는 자도 깊은 우물과 같아서 하나님의 생수가 흘러넘쳐야 합니다.

"너는 동산의 샘이요 생수의 우물이요 레바논에서부터 흐르는 시내로구나"(아 4:15).

하나님의 생수인 주의 말씀은 상처받은 자를 낫게 하고, 타는 목마름을 해갈시키며 죽은 자를 소생시킵니다. 깊은 우물이 되십시오! 그래서 숱한 목마른 영혼이 그 우물에서 맑고 시원한 생수를 마시게 하십시오!

March. 25
청구서인가, 영수증인가

영수증은 물건이나 서비스에 대한 비용을 지불했다는 증명서입니다. 청구서는 우리가 받은 물건이나 서비스에 대해서 합당한 금액을 지불하라는 요구서입니다. 청구서는 늦지 말고 만기일까지 정한 금액을 지불하라고 요구합니다. 청구서가 많을수록 짐이 더 무거워집니다. 당신에게 하나님의 말씀인 성경은 무엇인가요? 이것저것을 하라고 요구하는 청구서입니까, 아니면 지불한 것을 알려 주는 영수증입니까? 물론 성경에는 십계명과 율법들처럼 요구사항들이 많이 있습니다. 진정 놀라운 소식은 예수님이 십자가에서 우리를 위하여 모든 빚을 갚으셨다는 사실입니다.

"너희가 알거니와 너희 조상이 물려 준 헛된 행실에서 대속함을 받은 것은 은이나 금 같이 없어질 것으로 된 것이 아니요… 그리스도의 보배로운 피로 된 것이니라"(벧전 1:18-19).

그렇습니다! 성경은 두려운 청구서가 아니라 우리의 죄와 죽음의 빚을 다 갚아주신 하나님의 영수증입니다. 주님께 감사를 드리십시오! 우리는 더 이상 채무자도 신용불량자도 아닙니다. 예수님이 우리의 빚을 다 탕감해 주셨으니까요.

March. 26
왜 광야를 지나야 하는가

하나님은 왜 종종 우리를 고통과 어려움의 광야로 인도하실까요? 몇 가지 이유를 발견할 수 있는데 그것은 영적 전쟁에 더 잘 준비시키시기 위해서, 우리가 정말 주님을 사랑하고 순종하는지 알아보시려고, 우리의 발전을 위해 훈련하고 고치시기 위해서, 우리의 믿음을 더 강하고 깊게 하시기 위해서, 범사에 주님을 전적으로 의지하도록 위함입니다.

아브라함은 노인이 되었을 때 고향을 떠났고 자식을 오래 기다려야 했던 어려운 광야를 통과했습니다. 모세는 애굽에서 잘 교육받았지만 광야에서 이름 없는 목동으로 40년을 지냈습니다. 요셉은 여러 해 동안 노예 생활을 했고, 야곱 또한 험한 인생을 살았으며, 엘리야, 예레미야, 바울 그리고 심지어 주님도 환란의 광야를 경험하셨습니다.

하나님이 왜 우리를 광야를 통과하게 하십니까?

모든 고난은 우리의 유익을 위한 것입니다. 그러므로 매 순간 주님과 동행하십시오.

March. 27
두려워하지 마세요

우리는 테러, 폭력, 불의, 재난, 죽음이 난무하는 두려운 세상에 살고 있습니다. 그러나 우리에게는 하나님의 거룩한 말씀이 있습니다. 그러니 삶에서 어느 것도 두려워하지 마십시오!

하나님이 우리의 전능한 구세주십니다.

사막의 타조처럼 숨지 마십시오! 주님이 가장 안전한 피난처십니다. 놀란 토끼처럼 도망가지 마십시오! 주님이 나의 강력한 도움이 되십니다. 복음 전하기를 두려워하지 마십시오! 주님이 가장 효과적인 증인이십니다. 전쟁과 전쟁의 소문을 두려워하지 마십시오! 주님이 우리의 온전한 평화입니다. 죽음을 두려워하지 마십시오! 주님이 부활의 첫 열매십니다. 마지막 심판을 두려워하지 마십시오! 우리의 하늘 아버지가 심판자십니다.

March. 28
짝짝이 시력

저는 짝짝이 시력을 가지고 있습니다. 오른쪽 눈은 망막 수술을 했고, 왼쪽 눈은 먼 것이 잘 보이는 원시입니다. 안경을 벗으면 글자가 흐리게 보입니다. 그렇지만 감사하게도 돋보기를 쓰면 책을 읽고 글을 쓰는 데 별 지장이 없습니다.

롯은 짝짝이 시력을 가진 사람이었습니다. 한쪽 눈은 하나님의 영원한 도성을 바라보면서 다른 쪽 눈은 물이 많은 소돔 평야를 바라본 것이지요.

"무법한 자들의 음란한 행실로 말미암아 고통당하는 의로운 롯을 건지셨으니"(벧후 2:7).

롯은 하나님의 사람이었지만 '짝눈' 때문에 그의 삶에는 두려움과 고통과 갈등, 불안과 아픔과 죄의식이 많았습니다. 우리의 영적인 시력은 어떤가요? 하나님께 초점을 맞추고 선하고 아름다운 것을 추구하는 하나의 순전한 눈을 가지십시오(골 3:2).

March. 29
나는 누구인가

나는 가장 위대한 리더이신 그리스도의 추종자입니다. 나는 가장 위대한 모범이신 예수님을 닮아가는 자입니다. 나는 구세주 예수님을 믿는 신자입니다. 나는 가장 위대한 목자를 따르는 양입니다. 나는 오직 하나님의 은혜로 구원받은 죄인입니다. 나는 하나님의 율법이 아니라 은혜 아래 있습니다. 나는 나의 아버지 하나님의 자녀입니다. 나는 그리스도와 함께한 하나님의 상속자입니다. 나는 어린아이처럼 약하지만 주 안에서는 삼손처럼 강하고 나는 벌레처럼 아무것도 할 수 없지만 주 안에서는 사자처럼 강합니다.

"나 자신으로는 아무것도 아니지만 하나님 안에서는 모든 것이 됩니다."(In myself, nothing. But in God, everything!)

지금 당신은 과연 누구입니까? 내가 누구인지 한번 적어 보십시오. 주님이 오늘 새 은혜를 주실 것입니다.

March. 30
깨어나십시오

얼마 전 뉴스에서 황당한 소식을 보았습니다. 파키스탄 라호르 공항에서 프랑스 파리로 가는 한 여자 승객이 18시간이나 비행을 한 것입니다. 하필 비행기가 파리에서 다시 돌아오는 동안에도 이 여성은 잠에서 깨어나지 못했습니다. 승무원들도 비행기 안에서 잠들어 깨지 못한 이 여자를 전혀 알아보지 못했습니다. 그녀가 잠에서 깨어 눈을 떠 보니 1만 2,000킬로미터를 비행한 후에 다시 라호르에 돌아와 있었습니다. 정말 황당한 일이지요. 제시간에 깨어나지 못하면 우리 인생이 헛것이 될 수 있습니다.

지금 영적으로 잠들어 있지는 않은가요? 당장 깨어나야 합니다!

"그러므로 우리는 다른 이들과 같이 자지 말고 오직 깨어 정신을 차릴지라"(살전 5:6).

지금은 잠에서 깰 때입니다. 예수님의 재림이 임박했습니다. 삶이 망가지기 전에 깨어나십시오! 믿음과 기도로 깨어나십시오!

March. 31
질문해도 됩니까

우리가 하나님께 질문을 해도 될까요? 아브라함은 소돔과 고모라 성의 멸망에 대해서 질문했습니다. "… 주께서 의인을 악인과 함께 멸하시려 하나이까?"(창 18:23) 모세는 애굽에서 고통하는 백성에 대해서 질문했습니다. "… 주여, 어찌하여 이 백성이 학대를 당하게 하셨나이까?"(출 5:22). 하박국은 고통당하는 자기 백성에 대해서 질문을 했습니다. "어찌하여 내게 죄악을 보게 하시며 패역을 눈으로 보게 하시나이까?"(합 1:3). 욥은 자기가 당하는 고난에 대해서 질문이 많았고, 다윗도 하나님의 계획에 대해서 질문이 많았습니다. 심지어 예수님도 십자가 처형에 대해서 하나님께 질문하셨습니다. "… 나의 하나님, 나의 하나님, 어찌하여 나를 버리셨나이까?"(막 15:34).

시련과 고난에 대해서 질문이 많을 것입니다. 기도 가운데 하나님께 질문해 보십시오! 그리고 주님의 응답을 들으면 들은 대로 변화할 준비를 해야 합니다. 진지하게 질문하는 사람은 무슨 대답이든지 두려워하지 않습니다. 하나님은 그것을 통해서 믿음을 더 깊고 강하게 만드실 수 있기 때문입니다.

The Scent of Gospel

4
April

세월을 아끼라.
때가 악하니라.
엡 5:16

April. 1
믿음과 의심

하나님을 믿는 믿음을 가지고 있어도 종종 마음속에 의심이 생기곤 합니다. 일이 어렵고 힘겨울 때 우리는 의심의 마음을 가지고 이렇게 묻습니다. "하나님이 정말 나를 사랑하시나?" "하나님이 정말 나를 돌보시는 것일까?" 기도하지만 상황이 더 힘겨워질 때 우리는 반문합니다. "하나님이 정말 이 모든 상황을 바꿀 수 있으실까?"

아브라함은 자식을 주시겠다는 하나님의 계획을 의심했습니다. 모세는 광야에서 백성에게 먹을 것을 주시겠다는 주님을 의심했습니다. 기드온은 자기를 용사로 부르시는 하나님의 부르심을 의심했습니다. 제자들도 예수님의 부활을 믿지 못하고 의심했습니다. 우리 삶에도 여러 부분에서 의심이 생깁니다. 그렇지만 매일 주님을 든든히 붙잡으십시오.

실은 우리가 주님을 붙잡고 있는 것이 아니라 주께서 우리를 붙잡고 계신 것입니다. 우리가 그를 믿는 믿음 안에 있는 한 우리는 영원히 안전하고 견고합니다.

April. 2

하나님의 테스트

하나님은 광야에서 빌립을 테스트하셨습니다.

"우리가 어디서 떡을 사서 이 사람들을 먹이겠느냐?" (요 6:5)

하나님께서 마라에서 백성을 테스트하셨습니다. 마실 물이 없다고 아우성을 칠 때 하나님께서 쓴물을 단물로 바꾸셨습니다(출 15:25). 하나님께서 모리아 산에서 아브라함을 테스트하셨습니다. 아브라함에게 그의 외아들을 번제물로 바치라고 말씀하신 것입니다(창 22:2). 하나님께서 이스라엘 백성을 40년 동안 광야로 인도하셨습니다. 그것도 테스트였습니다(신 8:2).

하나님은 왜 우리를 테스트하실까요? 우리 자신을 위해서입니다! 어려운 때에 하나님을 전적으로 의지하는 법을 배우게 하시고 우리의 믿음이 더 강하고 깊어지게 하시는 방법 중의 하나입니다.

시련의 때에 낙담하지 마십시오! 하나님은 우리에게 필요한 최선이 무엇인지를 가장 잘 아시는 아버지십니다.

April. 3
역설 속의 진리

성경에는 역설처럼 보여서 믿기 힘들지만 결국 그것이 진리의 은유일 때가 많습니다. 그런 몇 가지 역설을 살펴보겠습니다.

"너 자신을 위해서 살고자 하면 너는 결국 죽는다." "나눠 주라. 그러면 풍성하게 받을 것이다." "그리스도와 함께 죽으면 그와 함께 살 것이다." "자신을 높이고자 하면 결국 낮아지게 된다." "잔치에서 높은 자리에 앉고자 하면 가장 낮은 자리로 이동해야 할 것이다." "하나님을 영화롭게 하면 하나님께서 그 사람을 영화롭게 하리라." "사람들을 이끄는 지도자가 되고자 하면 주님을 따르는 추종자가 되어야 한다."

이 말씀들은 결코 역설이 아닙니다. 주께서 우리에게 가르치는 진리의 교훈입니다.

'역설처럼 보이는' 이 진리에 순종하십시오! 그러면 우리의 삶이 더 복되고 풍성해집니다.

April. 4
꽃밭에 물을 주듯이

지난번 워싱턴 주의 시애틀을 방문했을 때 그 넓은 곳에서 푸르고 싱싱하게 잘 자란 많은 나무들을 보고 다시 한 번 놀랐습니다. 그곳에는 목재 사업도 활발합니다. 거기 사는 친구가 말하기를 1년 내내 보슬비가 내리기 때문이라네요. 비가 마치 꽃밭에 물을 주듯이 내린다는 것입니다. 비가 한꺼번에 쏟아지면 홍수가 나고, 오랫동안 오지 않으면 사막이 나타납니다. 시애틀에는 비가 항상 물 뿌리는 것처럼 알맞게 내리기 때문에 나무들이 크게 잘 자라는 것입니다.

우리의 영혼에도 매일 물을 주고 있나요? 혹시 1주일에 한두 번 영의 양식을 먹고 다른 날에는 쭉 굶으면서 지냅니까? 부모님들은 '소나기밥을 먹는다'는 말을 했습니다. 굶고 있다가 한꺼번에 폭식하는 모양을 말합니다.

갓난아기처럼 매일 신령한 젖을 사모하십시오! 말씀을 묵상하고 기도로 주님과 늘 연결하십시오. 그리고 주를 위해서 살면 늘 푸르고 강할 것입니다.

April. 5

세 가지 방향

우리가 주의 깊게 바라보아야 할 세 방향이 있습니다.

첫째, 위로 하나님을 바라보십시오. 그러면 예수 그리스도의 아름다움과 우리를 위하신 놀라운 구속을 볼 수 있습니다. 이것은 주님께 대한 우리의 믿음 문제입니다.

둘째, 안으로 자신을 바라보십시오. 그러면 죄에 놓인 자신의 처지와 죄의 삯인 사망과 멸망을 볼 수 있습니다. 이것은 우리의 회개와 자백의 문제입니다.

셋째, 밖으로 세상을 바라보십시오. 그러면 세상이 구주를 필요로 하는 것과 불신과 불순종의 위험을 볼 수 있습니다. 이것은 우리의 사명과 사역의 문제입니다. 선지자 이사야는 이 세 가지를 다 보았습니다.

보좌에 앉으신 거룩하신 주님을 보았고, 입술이 부정한 자신을 보았으며, 주님을 필요로 하는 세상을 보았습니다(사 6:1-9). 이제 우리의 눈을 더 크게 떠서 우리의 유일하신 구세주를 바라보고 얕은 믿음을 가진 서글픈 우리의 실상을 보며 구원을 위해 부르짖는 잃어버린 세상을 보십시오!

그리고 이렇게 응답합시다. "주여, 나를 보내소서!"

April. 6

실패로 얻는 것

취미로 색소폰을 연습하는 시간은 참 흥미롭지만 나는 아직도 실수가 많습니다. 한 탁월한 트럼펫 연주자는 이렇게 말합니다. "당신이 전혀 실수를 하지 않고 있다면 연습하는 것이 아닙니다." 마이클 조단은 가장 뛰어난 농구 선수지만 이렇게 고백했습니다. "내 선수 생활 중에 9,000번 이상의 슛을 실수했고 거의 300회의 시합에서 졌습니다… 내 생애에도 실수가 아주 많았습니다." 그는 이렇게 결론을 내립니다. "나는 연거푸 실수를 많이 했는데 그 덕분에 성공할 수 있었습니다."

나 자신도 내 삶과 사역 가운데서 실패와 실수를 경험했지요. 그래도 실망하지 않는 까닭은 주님의 약속을 기억하기 때문입니다.

"대저 의인은 일곱 번 넘어질지라도 다시 일어나려니와…" (잠 24:16).

실패가 없이는 성공할 수 없습니다. 실패를 통해서 많은 교훈을 얻습니다. 어리석은 사람만 거기서 아무것도 배우지 못합니다.

April. 7

예수님의 성품

예수님은 마음이 온유하고 겸손하십니다. 나의 사랑하는 주님을 닮기 위해서 온유가 무슨 뜻인지 생각하게 됩니다.

온유는 이런 뜻이 아닙니다. 자신을 무시하는 것, 자기연민에 빠지는 것, 자기의 주장을 포기하는 것, 나약하고 연약한 것, 사람들에게 항복하는 것, 바보스럽게 순진한 것, 사람의 비위를 맞추는 것이 아닙니다.

온유는 이런 뜻입니다. 하나님께서 나의 삶을 다스리시게 하는 것, 나 자신을 하나님의 뜻에 드리는 것, 내 권리를 주님께 양도하는 것, 성령의 인도함을 받는 것, 하나님께서 나를 변호하시게 하는 것, 오래 참는 것, 듣고 배우는 것, 전적으로 하나님을 신뢰하는 것, 하나님께서 나를 통해서 일하시게 하는 것, 그리고 예수 그리스도와 같이 되는 것입니다.

"온유한 자는 복이 있나니 그들이 땅을 기업으로 받을 것임이요"(마 5:5).

April. 8
자세를 고치세요

　노트르담의 꼽추처럼 꾸부정한 허리를 갖게 될까 봐 염려하는 이들이 적지 않습니다. 자세를 바르게 하는 것은 외모와 건강에 정말 중요합니다. 더 나은 자세를 갖기 위해서는 귀와 어깨와 엉덩이가 나란히 서게 하는 것이 좋습니다. 거울을 보고 이 세 부분을 조절해 보십시오. 그리고 상체와 어깨를 연결하는 근육을 강화하는 운동과 머리를 사방으로 움직이는 것을 비롯하여 손과 무릎의 스트레칭을 자주 하십시오. 바른 자세로 앉고 서고 걷고 운전하고 자는 것을 배우면 체격도 보기 좋게 되고 더 건강해집니다.

　몸의 자세를 보며 '영적인 자세'를 생각합니다. 신앙적으로 어떤 자세를 가져야 할까요? 우리의 눈은 주님을 향하고, 우리의 귀는 세상이 외치는 소리를 듣고, 우리의 무릎은 기도를 위해 바닥에 꿇고, 우리의 손과 발은 봉사를 준비하고, 우리의 입은 복음을 전할 준비를 하고, 우리의 심장은 주님과 이웃을 사랑하는 자의 자세가 필요합니다. 지금 당신의 자세는 어떤가요?

　몸의 자세만 아니라 영혼의 자세도 항상 살피십시오.

April. 9

이스라엘 백성의 광야 수업

왜 하나님은 이스라엘 백성을 광야로 이끄셨을까요? 왜 모세는 광야에서 40년을 살았을까요? 왜 세례 요한은 광야로 나가야 했을까요? 왜 예수님은 광야에서 마귀에게 시험을 받으셨나요? 광야는 더위와 추위, 목마름과 배고픔 그리고 하나님 외에는 아무것도 없는 곳입니다. 두려운 광야에서 여러 해 지낸 사람들은 온전히 하나님을 의지해야 했습니다. 광야는 물 한 잔과 일용할 양식은 물론이고 안전한 행보와 편안한 잠 같은 작은 일을 위해서도 하나님을 의지하는 법을 배우는 학교입니다.

현대인은 풍요와 자기만족의 도시에서 삽니다. 그러다 보니 종종 삶의 근원이신 하나님을 망각합니다. 지금 외로움과 건강의 위협, 경제적인 압박이라는 고통스러운 광야를 통과하고 계십니까? 이것은 하나님을 더 의지하는 법을 배우는 기회입니다. 고난을 해결받기 원한다면 전적으로 주님을 의지하십시오.

하나님은 결코 우리를 떠나시거나 버리지 않으십니다(히 13:5).

April. 10

그들은 있으나 우리는 없는 것

"사도들에게 금은 없었지만 영광은 있었다. 우리는 금은 가졌는데 영광은 없다." 레오나르도 라벤힐 목사의 말입니다.

그들은 그리스도를 위하여 심한 고난을 당했지만 우리는 늘 축복과 행복만 추구합니다. 그들은 전도의 도구가 없어도 강력했지만 우리는 전도의 도구를 많이 갖고도 연약합니다. 그들은 주를 위해 자신을 희생할 의지가 있었지만 우리는 자기만족에 빠져서 희생할 마음이 없습니다. 그들은 눈물의 기도라는 능력이 있었지만 우리는 더 많은 프로그램과 웃음을 바랍니다. 그들은 손과 발로 기도의 삶을 살았지만 우리는 단지 입으로 기도를 말할 뿐입니다. 그들은 영적인 전투를 많이 했지만 우리는 자주 종교적인 오락을 추구합니다.

오 주님, 우리에게는 더 좋은 조직이 아니라 성령의 강한 부으심이 필요합니다.

오 주님, 우리도 주님의 사도를 닮게 도우시고 우리 자신을 산 제물로 드리게 도와주옵소서!

April. 11
무엇이 두렵습니까

 어떤 사람에겐 아무렇지도 않은 것이 다른 사람에게는 공포의 대상이 되기도 합니다. 공포증의 종류는 수백 가지가 넘습니다. 그중 상당히 흥미로운 몇 가지를 소개합니다.

Zoophobia : 짐승을 두려워하는 공포증,
Peladophobia : 대머리를 두려워하는 공포증,
Pedophobia : 아이들을 두려워하는 공포증,
Chrometophobia : 돈을 두려워하는 공포증,
Ecclesiophobia : 교회를 두려워하는 공포증,
Bibliophobia : 책을 두려워하는 공포증

 우리 모두는 죽음을 두려워하는 공포증(thanatophobia)이 있지만 예수님께서 우리를 죽음의 공포로로부터 자유하게 해 주셨습니다(히 2:15). 예수님이 죽은 자 가운데 부활하심으로 부활의 첫 열매가 되셨기 때문입니다.
 사람마다 다양한 공포증을 갖고 있습니다. 그렇지만 그리스도 안에 있는 사람은 죽음을 두려워할 필요가 없습니다. 죽음은 또 다른 생명의 시작이기 때문입니다.

April. 12
영적 스팸주의령

스팸(spam)은 원하지도 않는 사람에게 무차별적으로 보내는 대량 메일을 가리키는 용어입니다. 가장 널리 알려진 스팸의 형태는 정크 메일이라고 하는 이메일 스팸이지요.

2012년도 〈타임〉지 조사에 따르면 세계에서 가장 많은 스팸 메일을 보내는 나라는 인도이며(9.3퍼센트), 미국(8.3퍼센트), 한국(5.7퍼센트), 인도네시아(5퍼센트), 그리고 러시아와 중국도 포함됩니다. 스팸은 컴퓨터 바이러스와 함께 각종 악성 소프트웨어를 퍼뜨리기 때문에 대단히 유해합니다.

영적인 세계에도 스팸이 있습니다. 그들은 이단과 사이비 기독교입니다. 그들은 우리의 영혼을 파괴하는 악성 바이러스 같은 존재입니다. 성경은 우리에게 괴악하고 악독한 것을 버리고 순전함과 진실함을 지키라고 말합니다(고전 5:8).

믿음의 순결함을 지킵시다. 복음의 순전함을 지킵시다. 영적인 스팸을 더욱 주의하십시오!

April. 13
…부터 …로

내가 생각하기로 신앙이란 '…부터(from) …로(to)' 돌아서는 것입니다.

하나님을 불신하다가 믿음으로 돌아서는 것이고, 죄의 생활에서 회개로 돌아서는 것이며, 그리스도를 거절하다가 주님으로 받아들이는 것입니다. 자기의 의에서 하나님의 의로 돌아서는 것이고, 하나님에 대해서 알다가 그를 진실로 알고 신뢰하는 것이며, 율법 아래에서 하나님의 은혜로 돌아서는 것입니다. 육체 가운데 태어난 것에서 성령으로 거듭나는 것이고, 죄의 속박에서 그리스도 안의 자유로 돌아서는 것이며, 구원을 위해 노력하다가 그것을 선물로 받는 것입니다. 죽은 종교에서 그리스도의 산 복음으로 돌아서는 것이고, 하나님께 불순종하다가 순종으로 돌아서는 것이며, 영원한 형벌에서 영원한 생명으로 돌아서는 것입니다.

지금 어디에 서 있습니까? 이도 저도 아닌 곳에 어정쩡 머물려고 하지 마십시오.

"너희가 어느 때까지 두 사이에서 머뭇머뭇 하려느냐?"(왕상 18:21).

April. 14

경주를 계속할 수 있는 사람

성숙은 어떤 상황에서도 자신을 통제할 수 있는 능력입니다. 성숙은 많은 장애물에도 불구하고 계속 걸어갈 수 있는 인내입니다. 성숙은 불편한 것과 고통스러운 것을 넉넉히 극복하는 힘입니다. 성숙은 하나님이 보시기에 선한 것을 분별할 수 있는 지혜입니다. 성숙은 아무런 변명도 없이 자신의 실수를 인정하는 겸손입니다. 성숙은 약하고 도움이 필요한 이들에게 자신의 것을 나누는 기꺼운 마음입니다. 성숙은 그리스도와 그의 복음을 위하여 자신을 부인하는 희생입니다.

우리는 하나님께 쓰임 받을 수 있도록 성숙한가요?

그리스도의 장성한 분량에 이르기까지 쉼 없이 믿음의 경주를 계속합시다!

April. 15

논란은 끝났다

2012년 런던 올림픽에서는 오심 논란이 상당히 많았습니다. 시합이 끝나고 몇 시간 후에 판정이 번복되기도 하고, 여러 종목에서 비디오 기록을 재검토하는 일이 벌어졌습니다. 그중 가장 의심스러운 판정은 여성 에페 펜싱 경기에서 있었습니다. 게임의 시계가 정지되어 있었는지 마지막 1초가 '너무 오래' 걸렸고 어느 선수는 뜨거운 눈물을 흘려야만 했지요.

그렇지만 하나님의 마지막 심판은 그렇지 않습니다. 주님은 공의와 의의 하나님이십니다.

"공의로 세계를 심판하심이여, 정직으로 만민에게 판결을 내리시리로다"(시 9:8).

정직하고 바르게 살되 당당하십시오! 우리 주님은 최후의 공의의 심판자이시니 우리에게 행하실 심판을 걱정하지 마십시오! 예수께서 이미 우리를 위하여 심판을 받으셨습니다. 그 심판에는 오심 논란이 전혀 없습니다.

April. 16

안다는 것

무엇에 대해서 안다는 것에는 그 깊이에 따라 세 단계가 있습니다.

첫째는 지식입니다. 이것은 무엇에 대해서 단순히 아는 것이며 어느 정도의 정보를 가졌다는 것입니다.

둘째는 지성입니다. 이것은 무엇에 대해서 이해한다는 것이며 지식에 마음이 합한 것입니다.

셋째는 지혜입니다. 이것은 알고 배운 것을 행하는 것이며 지식에 마음과 영혼을 합한 것입니다. '안다'는 것 중에 가장 깊은 수준입니다.

"오직 위로부터 난 지혜는 첫째 성결하고 다음에 화평하고 관용하고 양순하며 긍휼과 선한 열매가 가득하고 편견과 거짓이 없나니"(약 3:17).

이런 하나님의 지혜가 꼭 필요합니다. 후히 주시고 꾸짖지 않으시는 하나님께 구하십시오!

April. 17

연합하세요

　몇 년 전 몬트레이 지역을 방문했을 때 수백만 마리의 나비 떼를 보고 굉장히 놀란 적이 있습니다. 매년 가을마다 미 동부 지역과 캐나다에서부터 멕시코의 작은 지역을 향하여 엄청난 수의 나비가 떼를 지어 이주합니다. 따뜻한 곳에서 겨울을 나려는 것입니다. 그리고 그다음 봄이 되면 다시 북쪽으로 여행을 떠납니다. 더 놀라운 것은 이 나비들이 결코 혼자서는 멕시코까지 이동했다가 돌아오지 않는 것입니다. 언제나 서로 의지하며 집단으로 이동합니다. 혹 한 마리가 뉴욕에서 멕시코까지 혼자 갈 수는 있겠지만 그 여행을 마치는 것은 그 다음 세대의 몫입니다.

　교회는 하나님께서 명하신 이 땅의 공동체입니다. 성도의 적극적인 연합과 협력이 하나님 나라의 확장을 가능하게 합니다. 주께서 우리에게 명령하신 일의 완성과 이 거룩한 공동체를 위해서 나의 역할을 온전히 감당해야 합니다.

　혼자서 영적 전쟁을 치르려 하지 마십시오! 악한 세력을 이기기 위해서 우리는 서로가 필요합니다.

April. 18

나는 무엇일까요

아주 간단한 퀴즈를 하나 드립니다. 쉬운 답인데 인생에 매우 중요한 것이지요.

누구나 동일한 분량의 '나'를 가지고 있습니다. 청년과 노인, 부자와 가난한 자, 약한 자와 강한 자 그리고 당신과 나도 똑같은 분량을 가지고 있지요. 누구나 매일 이것을 선물로 받습니다. 저축할 수는 없어도 허비할 수는 있습니다. 사용하지 않으면 가차 없이 사라집니다. 사람들은 나를 금과 생명이라고 부릅니다. 이제는 내가 무엇인지 답변할 수 있지요?

그렇습니다. 생각하신 대로 나는 시간입니다.

"세월을 아끼라. 때가 악하니라"(엡 5:16).

생활 속에서 기회를 놓치지 마세요! 시간은 정말 빨라 날아가고 다시는 돌아오지 않습니다.

April. 19
나는 누구일까요

　나는 당신의 아주 친한 친구 중 하나입니다. 나는 항상 당신과 같이 생각하고 행동합니다. 나는 당신 밑에 있을 수 있지만 어떤 때는 당신 위에 있기도 합니다. 즉 당신이 나를 다스릴 수 있지만 어떤 때는 내가 당신을 다스립니다. 나는 당신을 성공이나 실패로 이끌어 갑니다. 나는 당신을 행복하게도 하고 불행하게도 합니다. 나는 태어난 것이 아니라 후에 만들어졌습니다. 당신은 나를 쉽게 사용할 수 있지만 나는 당신을 힘겹게 할 수 있습니다. 나는 당신에 의해서 한번 만들어진 후에는 당신이 다시 바꾸기가 아주 어렵습니다. 그러나 당신이 노력하면 나를 바꿀 수 있습니다. 그런데 시간이 많이 걸리겠지요. 나를 무시하지 마시고 두려워하지도 마십시오. 당신이 정말 하기로 마음먹기만 하면 나는 당신을 위해서 언제라도 변할 수 있습니다. 내가 누구일까요? 너무 어렵습니까?

　나는 당신의 습관입니다.

　선한 일을 바르게 하는 습관을 가지세요. 습관이 당신의 인격을 형성합니다.

April. 20
깨어졌나요

뼈가 부러진 후에 다 나았으면 그 뼈는 전보다 더 강해져서 다시는 그곳이 부러지지 않는다고 합니다. 피부에 상처가 생겼다가 그 피부조직이 완전히 회복된 후에는 그곳이 주위의 피부보다 더 강하다고 합니다. 이는 영적인 측면에서도 마찬가지입니다. 사도 바울은 이렇게 말했습니다.

"… 내가 약한 그 때에 강함이니라"(고후 12:10).

삶의 폭풍이나 참기 어려운 고난의 공격을 받고 마음이 깨어지고 부서진 적이 있습니까?

깊은 절망감이나 말할 수 없는 상처 때문에 모든 것을 포기하고 싶었던 적이 있었습니까?

하나님은 좌절을 열매로 바꾸실 수 있고, 가장 약한 것을 가장 강하게 하실 수 있으며, 또 어둠을 빛과 소망으로 바꾸실 수 있습니다. 주님은 자기 자녀를 위해서 그렇게 하실 수 있지요. 깨어졌던 마음을 전보다 더 강하게 하실 수도 있습니다. 절대로 포기를 선언하지 마십시오!

April. 21

이상한 세금

미국의 여러 주에는 이상한 세금들이 있습니다. 그중 몇 가지 예를 볼까요? 아칸소 주에서는 몸에 문신이나 피어싱을 하면 6퍼센트의 세금을 내야 하고, 메릴랜드 주에서는 화장실 변기 물을 내리는 데 2.5~5달러의 세금을 내야 합니다. 미네소타 주에서는 털옷에 6.5퍼센트의 세금이 붙습니다. 뉴욕 주에서는 상점에서 베이글을 사서 거기서 먹으면 8퍼센트의 세금이 붙습니다. 그래서 뉴요커들은 세금을 내지 않으려고 베이글을 집에 가져가서 잘라 먹습니다. 어디를 가나 미국은 세금 천국이지요.

반면 누구든지, 어디든지 전혀 '세금을 내지 않는 품목들'이 있습니다. 매일 드리는 기도에는 세금이 붙지 않습니다. 매주 하나님께 예배드리는 데에는 세금이 없습니다. 예수 그리스도의 큰 구원에도 세금이 없습니다. 주님이 주시는 놀라운 자유에도 세금이 없습니다. 다만 하나님의 이런 선물을 믿음으로 받고 이제는 그 답례로 주를 더욱 사랑하고 섬기십시오!

April. 22
질문의 방법

많은 이들이 던지는 질문 중에 "정말 사랑의 하나님이 계시다면 세상에 왜 전쟁과 재난이 있는가?"입니다.

그 질문에 대한 존스 박사의 답변은 이렇습니다. "우리가 던져야 할 질문은 '왜 전쟁이 있는가?'가 아니라 이렇게 허물과 죄가 많은 세상을 하나님께서 '왜 완전히 멸망시켜 버리시지 않으시는가?'입니다."

죄 때문에 마땅히 멸망과 저주를 받아야 하는 우리들이지만 하나님의 큰 사랑과 오래 참으심 때문에 아직도 우리가 건재합니다. 존스 박사의 말대로 하나님은 우리를 훈련하시고 책망하시고 가르치시며 또 죄에 대해서 깨닫도록 전쟁 같은 것들이 일어나는 것을 허용하시며 무엇보다 우리가 죄를 회개하고 하나님이 주시는 은혜를 받아들이라고 부르시는 것입니다. 이제는 삶의 길에서 어떤 상황을 만나든지 하나님의 사랑과 은혜 가운데 안식하십시오.

이제는 "왜?"라고 묻지 말고 "어떻게?"라고 묻는 것입니다.

April. 23
또 이사합니까

왜 전셋집에 살기보다 내 집을 갖기 원할까요? 자꾸 이리저리 이사해야 하는 번거로움을 원하지 않기 때문일 것입니다. 하나님께서는 우리 몸을 전셋집처럼 일시적으로 사용하기 위해서 고안하셨습니다. 영원한 목적을 가지고 디자인하신 게 아닙니다. 그래서 사도 바울은 우리의 몸을 '장막(tent)'이라고 불렀습니다(고후 5:1).

텐트 속에서 여러 날 지낸 적이 있습니까? 며칠 동안은 흥미롭지요. 그렇지만 그것은 곧 연기처럼 사라지고 영구적인 집에 살기를 원하게 됩니다. 이 세상이 덧없이 지나가는 동안 우리의 몸도 늙고 시들어집니다.

"… 모든 육체는 풀이요 그 모든 아름다움은 들의 꽃과 같으니, 풀은 마르고 꽃은 시듦은…"(사 40:6-7).

오직 하나님의 긍휼과 그의 말씀만 영원합니다. 영원한 하늘 집을 향해 가는 나그네로 사십시오.

April. 24

깨뜨리지 마세요

결코 깨뜨리지 말아야 할 것들이 있습니다. 시끄러운 소리가 나지는 않지만 고통을 주는 것들이지요.

약속을 깨뜨리지 마세요! 친구나 하나님과 약속한 것을 신실하게 지키십시오.

신뢰를 깨뜨리지 마세요! 우리는 불신의 세상에 삽니다. 사람들은 아무것도 신뢰하지 않으려 합니다. 그럼에도 신뢰할 만한 사람이 되십시오.

관계를 깨뜨리지 마세요! 인생은 많은 관계 속에 있습니다. 가족과 친구와 교회와 사회 전반이 관계로 이루어져 있지요.

마음을 깨뜨리지 마세요! 상한 마음을 가진 이들이 많습니다. 깨뜨리는 자보다 치유자가 되십시오.

그리스도의 복음이 최고의 치유책입니다.

우리 아버지 하나님은 우리를 새롭게 하시고 고치시고 다시 세우십니다(에스라 9:9).

April. 25

신뢰가 없다

〈워싱턴 포스트〉지에서 한 기사를 읽었습니다. 이제 미국인들은 정치와 미디어 그리고 대표적인 기업과 단체를 신뢰하지 않으며, '진짜 사실'을 알기 위해서 더 많은 증거와 증빙서류를 요구한다는 것입니다. 이 신문기사는 이렇게 질문합니다. "대통령 후보인 롬니의 재산이 얼마인지, 그가 중산층 유권자와 연계할 능력이 있는지 궁금해 하고 버락 오바마 대통령의 출생 확인서를 믿는 사람이 과연 얼마나 있겠는가?"

요즘 사람들은 정부와 대기업체는 물론이고 심지어 이웃과 친구의 말도 잘 믿으려 하지 않습니다. 무슨 주장을 하든지 '진심어린 증거'를 요구합니다. 현대인은 무서운 불신의 세상에서 삽니다. 누구를 그리고 무엇을 정말 신뢰할 수 있나요? 여기 가장 신뢰할 수 있는 '기록물'이 있습니다. 하나님의 말씀인 성경입니다. 성경은 결코 우리를 속이거나 배반하지 않습니다. "여호와께 피함이 사람을 신뢰함보다 나으며"(시 118:8).

하나님만 우리가 정말 신뢰할 분입니다. 미국 지폐에 쓰여 있는 '우리는 신을 믿습니다.'(In God We Trust)라는 글귀가 우리의 진실한 고백이 되어야겠습니다.

April. 26
조금만 더 천천히

세월이 빠릅니다만 여유 있는 삶을 살기 위한 몇 가지 아이디어를 제안해 봅니다. 운전을 조금만 더 천천히 하십시오. 늘 그렇게 바쁜 것도 아닌데 왜 과속하다가 벌금 딱지를 떼는지요. 음식을 조금만 더 천천히 잡수십시오. 누가 빼앗아 먹지 않으니 더 많이 씹으십시오. 말을 조금만 더 천천히 하십시오. 속사포처럼 빨리 말하다 보면 꼭 실수합니다. 생각을 조금만 더 천천히 하십시오. 머리를 빨리 빨리 굴려야 성공하는 것은 아닙니다. 건강관리를 조금만 더 천천히 하십시오. 갑작스럽고 과도한 운동이 오히려 몸을 망칩니다. 돈 버는 일을 조금만 더 천천히 하십시오. 벼락부자가 되려고 욕심을 부리다가 모든 것을 잃어버립니다. 성경 읽기를 조금만 더 천천히 하십시오. 성경은 천천히 묵상하며 읽어야 깊이 깨닫습니다. 화내기를 조금만 더 천천히 하십시오. 화낸 후에 행복한 사람은 없습니다. 침 삼킬 동안 만큼만 참으면 됩니다. 기도를 조금만 더 천천히 하십시오. 생각하면서 마음의 소원을 천천히 하나님께 말씀드리는 것이 좋지요. 오늘부터 조금만 더 천천히 시도해 보면서 평안과 기쁨을 얻으시기를 기도합니다.

April. 27
문 닫는 시간

휴대전화가 보편화되기 전에 우리는 공중전화기를 많이 사용했습니다. 한 시골 사람이 큰 도시를 방문했습니다. 집에 있는 식구들이 걱정된 그는 전화를 해야겠다고 생각했습니다. 그런데 도시의 공중전화 박스는 고향의 것과 매우 달랐습니다. 날이 많이 어두워져서 전화기의 번호를 누르려면 빛이 있어야 했는데 전화 박스 안은 빛이 없는 전등만 있을 뿐이었습니다.

쩔쩔매고 있는 그를 보고 한 행인이 말했습니다. "여보세요. 문을 닫으면 불이 들어옵니다." 그의 말대로 문을 닫자 불이 환하게 들어왔습니다.

주님과의 조용한 시간과 주님이 주시는 마음의 빛을 원하십니까? 그러면 분주한 세상을 향한 문을 닫고 하나님 아버지께 마음을 활짝 여십시오!

"너는 기도할 때에 네 골방에 들어가 문을 닫고… 네 아버지께 기도하라…"(마 6:6).

이 어두운 인생길에서 우리는 매 순간 빛이 필요합니다. 주의 인도를 받도록 매일 '문 닫는 시간'을 가지십시오.

April. 28
행인과 나그네로 사는 세상

요즘 마음에 불편하고 힘든 일을 겪고 있나요? 종종 외롭고 답답함을 느낍니까? 왜 그런지 아시겠어요? 이 세상은 우리의 집이 아니기 때문입니다. 우리는 낯선 이 땅에서 행인과 나그네의 신분으로 살기 때문입니다. 아직 집에 도착하지 않았고 갈 길이 남아 있습니다. 하나님의 사람은 이곳을 집처럼 느낄 수 없고 또 그러려고 애쓸 필요도 없습니다. 우리의 시민권은 하늘에 있기 때문입니다.

"… 너희가 나그네로 있을 때를 두려움으로 지내라"(벧전 1:17).

부당한 대우나 고통과 불공평한 처사에도 분노하거나 실망하지 마십시오. 우리는 아직 영원한 집을 향해 여행 중입니다. 열심히 걸으며 주님을 기쁨으로 섬기십시오.

April. 29

우리의 최종 소망

사람은 음식을 먹지 않고도 40일을 살 수 있지만 물이 없으면 3일 이상 버티기 힘들고, 공기가 없으면 8분 정도 살 수 있으나 소망이 없으면 1초도 살지 못한다는 말이 있습니다. 우리는 내일과 미래에 대해서 희망이 있다고 믿기에 오늘을 사는 것입니다. 절실한 소망을 어디에 두십니까? 정치, 사람, 재산 아니면 교회에서 소망을 찾나요?

욥은 "그가 믿는 것이 끊어지고 그가 의지하는 것이 거미줄 같다"고 말했습니다(욥 8:14).

다윗은 하나님에게서 소망을 찾았습니다. "주여, 내가 무엇을 바라리요? 나의 소망은 주께 있나이다"(시 39:7).

앞이 보이지 않고 소망이 없다고 생각될 때 믿음으로 예수님을 바라보십시오. 죽음에서 부활하여 지금도 살아 계시고 곧 다시 오실 그분을 의지하십시오. 오직 주님만 깨지지 않는 굳건한 반석입니다. 오직 주님만 당신과 나의 최종 소망입니다.

April. 30

사방에서 닥치는 폭풍

여러 형태의 폭풍이 불어 닥칩니다. 폭풍은 삶의 고통과 고난을 의미합니다. 질병, 깨진 가정, 경제적 위기도 일종의 폭풍입니다. 구약의 욥은 엄청난 폭풍을 겪었습니다. 모든 자녀와 재산을 한꺼번에 잃어버리고 죽음에 임박했지만 하나님께서 그를 회복시키시고 전보다 더 풍성한 복을 부어주셨습니다. 요셉도 수많은 위험과 위협을 당했습니다. 그러나 하나님께서 그를 다시 일으켜 세우셔서 자기 가족뿐만 아니라 온 백성을 살리셨습니다. 다윗과 사도 바울도 죽음의 공포에 떨어야 했지만 주께서 그들을 보호하시고 위대하게 쓰셨습니다. 나도 모르는 사이에 사방에서 폭풍이 몰려옵니다. 생명을 위협받는 때에 우리는 어디로 피해야 합니까?

"주는… 빈궁한 자의 요새시며 환난당한 가난한 자의 요새이시며 폭풍 중에 피난처시며 폭양을 피하는 그늘이 되셨사오니."(사 25:4).

앞으로 닥칠 폭풍에 겁을 먹지 마십시오. 주님은 환난 중에도 항상 우리의 피난처요, 도피성입니다.

The Scent of Gospel

May

그의 노염은 잠깐이요
그의 은총은 평생이로다.
저녁에는 울음이 깃들일지라도
아침에는 기쁨이 오리로다.
시 30:5

May. 1
그리스도인의 DNA

시카고에 사는 안드레 데이비스라는 사람은 1980년도에 한 여자아이를 살해한 혐의를 받고 30년 이상 감옥에 갇혀 있었습니다. 그런데 최근 DNA 검사를 통해서 무죄가 밝혀짐으로써 투옥 30년 만에 석방되었습니다. 2004년에 그는 현장에서 채취된 DNA 검사를 요구했습니다. 1980년에는 DNA 테스트가 없었기 때문입니다. 그리고 몇 시간 만에 그는 무죄라는 사실이 확인되었습니다. 사건 현장에서 나온 DNA는 그의 것이 아니었습니다.

이 사건을 보면서 2000년 전에 우리를 위해서 예수 그리스도께서 다 이루신 구속 사건이 생각났습니다. 세상에는 주께서 우리의 죄를 처리하셨고 그를 믿는 자들에게 위대한 구원이 준비되었다는 사실을 한 번도 듣지 못한 사람이 부수히 많습니다.

주를 믿음으로 지금 당장 불신의 감옥에서 나오십시오! 예수님을 통해서 우리의 죄는 이미 처리되었습니다. 우리는 믿음으로 온전한 자유를 누릴 수 있습니다.

May. 2
우리의 계약 조건

미국에 살면서 새롭게 배운 단어 중에 '모기지'(mortgage)라는 말이 있습니다. 원래 이 단어는 '죽음의 계약'이라는 뜻을 가진 프랑스 법률 용어에서 나온 것으로서, 계약자가 관련 책임을 완수하거나 해당 재산을 빼앗기게 되면 계약관계가 끝나는 것, 즉 '죽는다는 것'을 의미합니다.

어제의 실패와 내일에 대한 두려움이 우리의 오늘을 모기지처럼 붙잡는 경우가 많습니다. 물론 과거의 역사에서 오늘의 교훈을 얻고 미래의 성공을 위해서 내일을 계획해야 합니다. 그렇지만 과거의 문제와 미래의 염려가 우리의 오늘을 주장하지 못하게 해야 합니다. 우리의 과거를 하나님께 맡깁시다. 과거에 대해서 우리가 할 일은 아무것도 없습니다. 우리의 미래를 하나님께 맡깁시다. 우리는 내일 일을 전혀 알지 못합니다.

이제 오늘을 주신 하나님께 감사하며 우리 앞에 있는 믿음의 경주를 계속 달립시다!

May. 3
공사가 끝난 후

도로공사를 하는 곳이 많습니다. 공사장의 소음과 먼지는 운전자와 보행자에게 큰 불편을 줍니다. 그렇지만 공사가 끝난 후에는 새롭게 포장된 안전한 도로를 보게 됩니다. 일시적인 불편이 그만한 보상을 한 것이지요.

하나님께서도 우리 삶에서 '공사'를 하십니다. 어떤 때는 고통과 가슴앓이를 허락하셔서 주님 앞에 눈물로 기도하게 하십니다. 때로 돈 문제로 밤잠을 설치고 인간관계나 건강 문제로 두려워합니다.

그렇지만 조금만 더 참으세요! 아버지 하나님은 우리를 잊지도 버리지도 않으십니다.

"그의 노염은 잠깐이요 그의 은총은 평생이로다. 저녁에는 울음이 깃들일지라도 아침에는 기쁨이 오리로다"(시 30:5).

하나님의 자녀에게 의미나 목적 없는 고통과 어려움은 절대 없다는 것을 기억하십시오!

일시적인 불편과 아픔이 영원한 보상을 줍니다.

May. 4
나를 따르겠느냐

마음으로 생각해 본 주님과의 짧은 대화입니다.

길이 편하고 밝았습니다. "나를 따르겠느냐, 내 아들아?" "예, 확실히 따르겠습니다."

길이 미끄럽고 가파랐습니다. "나를 따르겠느냐?" "예, 따르겠습니다."

길이 좁고 어두웠습니다. "나를 여전히 따르겠느냐?" "예, 그런데 제게는 많이 힘듭니다."

길이 낯설고 위험했습니다. "그래도 계속 나를 따르겠느냐?" "예, 저와 동행해 주시면 하겠습니다."

어떤 때에는 길을 찾기가 어렵습니다만 "내가 여기 있다. 따라 와라!"라는 주님의 음성이 있기만 하면 "주여, 끝까지 따라가겠습니다." 라고 대답할 것입니다.

"오, 주님 함께 계시겠다고 약속하셨으니 끝까지 저와 동행해 주옵소서!"

May. 5
매일 밤 물어보세요

영국의 극작가 존 플레처는 매일 밤 잠자리에 들기 전에 12가지 질문을 했습니다. 우리도 자기 전에 12가지 질문을 해 보면 어떨까요?

1. 오늘 화를 낸 적이 있는가?
2. 떠오른 나쁜 생각을 즉시 떨쳐버렸는가?
3. 다른 사람들에게 친절했는가?
4. 남을 질투했는가?
5. 주님과 조용한 시간을 가졌는가?
6. 교회와 교회 지도자들을 위해서 기도했는가?
7. 내가 아는 선교사들을 위해서 중보했는가?
8. 다른 사람을 화나게 하거나 어렵게 했는가?
9. 나라와 정치 지도자들을 위해서 기도했는가?
10. 그리스도를 전하려고 시도했는가?
11. 다른 사람들에게 나의 빛을 비췄는가?
12. 하나님이 나의 말과 행동으로 기뻐하셨는가?

그 외에도 각자의 상황에 따라 질문을 보탤 수 있지요. 어렵겠지요? 예, 그렇지만 최선을 다합시다!

May. 6
세상에서 가장 비싼 호텔

CNN 조사에 따르면 세계에서 가장 비싼 호텔 중 세 번째는 뉴욕 맨해튼에 있는 포시즌 호텔(Four Season Hotel)의 펜트하우스인데 하루 숙박비가 4만 불이 넘습니다. 두 번째로 비싼 호텔은 인도의 라즈 플레이스(Raj Palace) 호텔의 스위트룸으로 규모 1,500제곱미터의 4층짜리 아파트인데 모든 것이 대리석과 상아와 금박으로 되어 있습니다. 하루 숙박비는 4만 5천 불입니다. 그럼 가장 비싼 호텔은 어디일까요? 스위스의 윌슨(President Wilson) 호텔의 로열 펜트하우스인데 하루 숙박비가 무려 6만 5천 불이라고 합니다. 12개의 침실과 6개의 욕실, 피아노, 개인 당구장, 도서실이 있습니다.

천국 맨션은 얼마를 지불해야 할까요? 그곳에서 '영원히 살 수 있는' 길이 있습니다. 예수님을 나의 구세주와 주님으로 신뢰하기만 하면 됩니다. 예수님이 십자가에서 그 값을 이미 지불하셨기 때문입니다. **"내 아버지 집에 거할 곳이 많도다"**(요 14:2).

May. 7

복구할 수 없습니다

컴퓨터 키보드의 삭제(delete) 키는 아주 편리합니다. 실수로 잘못 입력한 정보를 지울 수 있지요. 내용을 삭제하면 그것이 쓰레기통(trash)에 저장됩니다. 쓰레기통 속까지 완전히 제거하려면 영구 삭제(discard forever) 키를 누르면 됩니다. 물론 실력 있는 컴퓨터 전문가들은 그 제거된 자료들까지도 모두 복구할 수 있습니다.

하나님께서 우리 죄를 없애신 것을 생각하게 됩니다. 우리의 죄는 예수님의 십자가에서 다 삭제되었습니다. 그러면 그 죄들이 지금 어디에 있을까요? 쓰레기통에 보관되어 있을까요? 아닙니다. 그것은 영원히 없어졌습니다.

"또 그들의 죄와 그들의 불법을 내가 다시 기억하지 아니하리라"(히 10:17).

아무도 다시는 우리 죄를 찾아낼 수가 없습니다. 하나님의 삭제는 최종적이며 영원한 것입니다. 죄의 짐에서 온전히 자유함을 누리십시오.

May. 8

무엇으로 채우시겠습니까

아프가니스탄과 이라크에서 귀국한 병사들이 겪는 여러 고통 가운데 가장 많은 증상은 불면증이라고 합니다. 전쟁터에서 본 끔찍한 장면들 때문에 많은 퇴역 군인들이 밤마다 악몽에 시달립니다. 〈타임〉지 조사에 따르면 퇴역 군인들 외에도 미국인 6,000만 명이 불면증으로 고생합니다.

환자 중 80퍼센트는 질병의 후유증으로, 75퍼센트는 수면 중 호흡 장애로 불면증을 호소합니다. 몇 가지 치료 방법으로 심리 치료, 투약 그리고 밤에 산소를 몸에 넣어주는 아프니아(Apnea) 치료법 등이 있습니다. 불면과 악몽을 다스리는 가장 좋은 방법은 하나님을 깊이 신뢰하고 쉼과 평안을 얻는 것입니다.

주님은 사랑하는 자에게 잠을 주실 것입니다(시 127:2).

매일 무얼 보고 무얼 생각하는지 주의하십시오. 삶의 염려와 걱정이 마음을 장악하지 못하게 하시고 마음을 예수 그리스도로 채우도록 하십시오. 그러면 불면의 두려움을 이길 수 있을 것입니다.

May. 9
위험한 실수

환자를 위한 약을 처방하고 제조할 때 부주의 하거나 또는 내용을 정확히 알지 못해서 처방 실수가 생깁니다. 미국에서 한 해 동안 약 40만 명이 처방 실수로 영향을 받고 거의 7만 명이 목숨을 잃고 있다고 합니다. 이런 실수는 의사, 간호사, 약사, 양로원, 심지어 인터넷으로 주문하는 약품에서도 발생합니다. 처방 실수는 특히 어린아이들에게 치명적인데, 약품의 정확한 분량이 대단히 중요하기 때문입니다.

우리의 영적 질병에 대한 하나님의 처방은 무엇인가요? 그리고 그것은 정확하고 효과적이며 안전한가요?

"너희에게 무슨 말씀을 하시든지 그대로 하라"(요 2:5).

우리를 위한 하나님의 처방은 예수 그리스도입니다. 그것은 주님의 십자가와 빈 무덤에서 보여 주셨습니다. 주님이 성경을 통해 말씀하신 대로 매일 행하십시오. 그것이 날마다 활기차게 살고 힘과 지혜를 얻는 가장 안전한 방법이기 때문입니다.

May. 10
무엇이 부족합니까

불신앙은 우리에게 "그것이 어떻게 가능할까?" 묻습니다. 항상 '어떻게'가 많지요. 그렇지만 믿음은 수천 가지 질문에 대해서 딱 한 가지의 대답을 가지고 있습니다. 바로 '하나님'입니다!

불신앙은 "그건 너무 힘들어요"라고 말하지만, 믿음은 "내게 능력주시는 예수님 안에서 모든 것이 가능합니다"라고 답합니다.

불신앙은 "도저히 길이 없어요"라고 말하지만, 믿음은 "예수님이 길입니다"라고 답합니다.

불신앙은 "그건 돈이 너무 많이 들어요"라고 말하지만, 믿음은 "주님이 최고의 공급자이시기 때문에 전혀 부족함이 없습니다"라고 답합니다.

불신앙은 "난 너무 어려요" 또는 "너무 늙었어요"라고 말하지만, 믿음은 "주님은 어린 사람부터 나이 많은 사람까지 모두 하나님의 일에 쓰실 수 있습니다"라고 답합니다.

불신앙은 "앞으로도 시간이 많아요"라고 말하지만, 믿음은 "지금이 은혜의 때요 오늘이 구원의 날입니다. 지체하지 말고 어서 오세요!"라고 답합니다.

May. 11
교만한 사람의 착각

"교만은 패망의 선봉이요 거만한 마음은 넘어짐의 앞잡이니라"(잠 16:18).

교만은 죄를 자백하려고 하지 않습니다. 교만은 우리가 예수님을 닮는 것을 훼방합니다. 교만은 매일 주님이 필요하다는 것을 부인합니다. 교만은 용서를 구하지 못하도록 우리를 붙잡습니다. 교만은 다른 이들과의 좋은 관계를 깨뜨립니다. 교만은 주 앞에 무릎 꿇는 것을 막습니다. 교만은 항상 섬김을 받으려고 하고 섬기지 않습니다. 교만은 아첨하는 말에 귀 기울이게 합니다. 교만은 충성스러운 사람의 정직한 조언을 무시합니다. 교만은 결국 우리를 멸망으로 이끌어갑니다.

교만한 사람에게 가장 위험한 것은 자기가 교만하다고 생각하지 않는 것입니다.

"… 하나님이 교만한 자를 물리치시고 겸손한 자에게 은혜를 주신다 하였느니라"(약 4:6).

May. 12

오래 살 것인가, 바로 살 것인가

사람은 누구나 건강하게 오래 살고 싶어 합니다. 우리는 이제 100세까지 사는 시대를 맞이했습니다. 건강하게 오래 사는 것보다 더 중요한 것은 하나님 앞에서 바로 사는 것입니다. 이스라엘의 히스기야 왕을 보십시오.

"히스기야가 그의 조상 다윗의 모든 행위와 같이 여호와께서 보시기에 정직하게 행하여"(왕하 18:3).

히스기야는 이스라엘의 좋은 왕이었습니다. 그는 중병이 들어 죽게 되었을 때 얼굴을 벽으로 향하고 간절히 기도했습니다. 하나님께서 그의 기도를 들으시고 이렇게 응답하셨습니다. "내가 네 날에 십오 년을 더할 것이며…"(왕하 20:6).

그런데 15년이나 연장받은 수명을 가지고 그는 어떻게 했습니까? 히스기야는 자기 보물을 적들에게 다 보여 주는 죄를 범했고 이스라엘 왕 중에 가장 악한 왕이 된 므낫세를 낳았습니다. 그의 보너스 수명이 자신과 백성에게 독이 된 것입니다. 어떻게 살기를 원합니까? 길게 또는 바르게 살고 싶습니까? 두 가지 모두 갖기는 정말 어렵습니다. 우리의 수명이 얼마가 되든지 하나님 앞에서 항상 바르게 살도록 기도합시다.

May. 13
자기 자신 되기

어떤 사람은 자기가 너무 아무것(nobody)도 아니기 때문에 주님의 제자 자격이 없다고 생각합니다. 틀렸습니다.

또 어떤 사람은 자기가 대단히 특별한 존재(somebody)이기 때문에 주님의 제자 자격이 충분하다고 생각합니다. 그것도 틀렸습니다.

내가 지금 어떤 사람이든지 주님은 나를 있는 그대로 받아 주십니다. 그냥 자기 자신이 되십시오(Just be yourself)! 다른 사람처럼 되고자 할 필요가 없습니다. 주님은 성령의 능력을 통해서 우리를 새사람으로 바꾸기를 원하십니다.

그렇습니다. 하나님은 우리를 변화시키실 수 있습니다. 우리 자신의 힘으로는 할 수 없습니다. 그러니 그냥 자기 자신이 되십시오! 그렇지만 주께서 우리를 주님의 소중한 제자가 되도록 변화시키실 수 있도록 주인된 자리를 내어 주십시오.

우리 안에서 주의 일이 아직 끝나지 않았습니다.

May. 14
잊었습니까

"여호와께서 행하신 것과 그들에게 보이신 그의 기이한 일 (기적)을 잊었도다"(시 78:11).

하나님께서 우리를 위해서 행하신 놀라운 일들을 잊어버리면서 우리의 불안과 걱정은 늘어납니다.

주께서 우리에게 주신 큰 구원을 잊었습니까? 주께서 우리의 필요를 다 채워 주신 것을 잊었습니까? 주께서 사랑하는 가족을 주신 것을 잊었습니까? 주께서 우리를 여기까지 인도하신 것을 잊었습니까? 주께서 우리의 어려운 문제를 해결해 주신 것을 잊었습니까? 주께서 우리를 위험에서 보호하신 것을 잊었습니까? 주께서 우리의 많은 기도에 응답하신 것을 잊었습니까? 주께서 우리에게 건강을 주신 것을 잊었습니까? 주께서 우리에게 하늘나라의 집을 약속하신 것을 잊었습니까?

만일 하나님의 사랑과 긍휼을 잊어버린다면 모든 것이 혼미하고 어둡게 보일 것입니다.

주께서 지난날 우리에게 행하신 것들을 기억하고 주님을 더욱 신뢰하며 활기찬 삶을 사십시오!

May. 15

그분은 아십니다

하나님은 우리를 가장 잘 아십니다. 우리 자신보다 우리를 더 잘 아시지요. 그분은 우리 속에 무엇이 있는지 아십니다(요 2:25). 슬픔, 두려움, 분노, 의심 그리고 또 무언가요? 그분은 우리의 믿음이 적은 것을 아십니다(마 16:8). 겉으로는 대단한 믿음의 사람처럼 보인다 해도 우리의 영적인 실제를 다 아십니다. 그래서 우리는 위선자가 되지 않아야 합니다. 그분은 우리의 앉고 일어서는 것을 아시기(시 139:2) 때문입니다.

그분의 눈에서 숨을 수가 없습니다. 있는 그대로 그 앞에 서십시오. 그분은 우리가 구하기 전에 우리에게 무엇이 필요한지 아십니다(마 6:8). 건강, 경제, 인간관계, 지혜, 미래에 대한 소망, 그리고 또 무엇이 있습니까? 그것도 다 알고 계십니다. 그분은 우리의 일과 수고와 인내를 아십니다(계 2:2). 말하지 못한 가슴 앓이, 눈물 그리고 또 무엇이 있습니까? 그분은 그런 것들을 잘 아십니다(계 2:9). 주님은 이렇게 우리를 잘 아시면서도 여전히 우리를 지극히 사랑하십니다.

그분의 사랑과 긍휼은 영원합니다!

May. 16

당신의 동행자는 누구입니까

많이 알려진 퀴즈를 하나 드립니다.

"로스앤젤레스에서 워싱턴으로 여행하는 가장 좋은 방법은 무엇입니까?" 비행기나 기차 또는 자동차일까요? 아니오. 사랑하는 사람과 동행하는 것입니다! 빚쟁이와 동행한다고 생각해 보십시오. 끔찍합니다. 증오하는 사람과 동행한다면 어떨까요? 죽을 맛입니다.

노아는 하나님과 동행했습니다(창 6:9). 노아의 때는 어떠했습니까? 사람들이 우상을 섬기고 쾌락에 탐닉했습니다. 하나님에 대해서는 전혀 관심이 없고 오히려 하나님 말씀을 조롱하고 무시했습니다. 이런 악한 때에도 노아는 거룩한 하나님을 자신의 동행자로 모시고 살았던 것입니다. 우리 시대의 악한 환경을 탓하지 마십시오. 노아가 우리에게 모범적으로 보여 준 것처럼 항상 하나님과 동행하려고 노력하십시오.

하나님이 매일 당신의 동행자가 되게 하십시오. 가장 안전하고 행복한 인생 여정이 됩니다.

가정은 무엇일까요

　행복한 가정이라는 기초 위에 사회 공동체가 설 수 있습니다. 그럼 복된 FAMILY(가정)에는 무엇이 필요할까요?

　F(faith 신앙) : 하나님에 대한 신앙이 없으면 생명도 행복도 없습니다. 하나님이 우리 가정의 머리가 되셔야 합니다.

　A(affection, 애정) : 가족 간의 애정이 우리를 지탱합니다. 애정이 없는 가정을 상상해 보셨습니까?

　M(meal, 음식) : 식탁에 먹을 것이 있어야 하지요. 우리 주님은 가장 풍성한 공급처가 되십니다.

　I(industry, 산업) : 생계를 위한 일자리가 꼭 있어야 합니다. 부지런한 것이 성공적인 가정생활의 비결입니다.

　L(laughter, 웃음) : 우리에게는 이것이 정말 필요합니다. 웃는 얼굴은 언제나 사랑스럽습니다.

　Y(yourself, 당신 자신) : 당신은 지금 어디에 있습니까? 항상 가족과 함께 있어야 합니다.

　자기 집이 없는 가정도 적지 않습니다만 큰 집보다는 화목한 가정이 훨씬 더 중요합니다.

May. 18

성경 읽기의 4단계

성경을 읽을 때는 주의가 필요합니다. 어떻게 하면 성경을 더 잘 읽을 수 있을까요? 여기 몇 가지 비결을 제안합니다.

1. 성경 읽는 시간과 장소를 정하십시오.
2. 텔레비전과 스마트폰과 인터넷을 끄십시오.
3. 지금보다 조금 더 일찍 일어나십시오.
4. 매일, 매일 성경을 꾸준히 읽으십시오.
5. 성경을 손 닿는 곳에 항상 두십시오.
6. 읽고 깨달은 것을 노트에 적으십시오.
7. 깨달은 말씀을 다른 사람과 나누십시오.

성경 읽기의 네 단계를 소개합니다.

1. 눈으로 읽으십시오. 천천히 주의 깊게.
2. 머리로 읽으십시오. 깊이 생각하면서.
3. 가슴으로 읽으십시오. 말씀을 묵상하면서.
4. 손발로 읽으십시오. 배운 것을 실천하면서.

"금 곧 많은 정금보다 더 사모할 것이며, 꿀과 송이꿀보다 더 달도다"(시 19:10). 다윗처럼 말씀의 힘으로 사십시오. 주 안에서 확실히 복 받는 날들이 될 것입니다.

May. 19
합력하여 선을 이룬다

로마서 8장 28절에서는 '모든 것이 합력하여 선을 이룬다'고 말합니다.

정말 그럴까요? 이 구절에서 하나님께서 의도하신 것은 우리가 기대하는 것과 다를 수도 있습니다. 보통 선하다, 좋다고 말할 때는 질병과 고통이 없고 가난이나 중노동, 고난이나 죽음에서 벗어난 상태를 생각합니다. 그렇지만 오스왈드 샌더스 목사의 말처럼 "물질적이며 일시적인 관점에서 보면 하나님의 섭리가 때로는 절망적일 수도 있습니다."

심각한 고난을 당했던 욥을 생각해 보십시오. 그에 대한 하나님의 이상한 의도가 밝혀지기까지 상당히 많은 세월이 지나야 했습니다. 애굽에 노예로 끌려갔던 요셉은 어떻습니까? 복음을 위해서 모진 핍박을 당한 바울은 어떤가요? 모든 것이 결국에는 그들에게 선이 되었습니다.

'모든 것이 합력하여 선을 이룬다'는 주의 약속을 그대로 믿는 더 강한 믿음을 가지십시오.

우리가 하나님을 사랑하고 그의 뜻대로 부르심을 받은 사람이라면 이 놀라운 약속이 우리의 것입니다.

May. 20

유치원생만 맞히는 수수께끼

며칠 전 수수께끼 하나를 받았습니다. 스탠포드 대학 졸업생 중 겨우 17퍼센트가 정답을 맞혔는데 유치원생은 80퍼센트가 정답을 맞혔답니다.

"하나님보다 강하고 마귀보다 악하고 가난한 사람은 갖고 있는데 부자는 필요 없으며 그걸 먹으면 죽는 것이 무엇일까요?" 정답은 Nothing(아무 것도 없다)입니다.

하나님보다 강한 것이 없고, 마귀보다 악한 것이 세상에 어디 있습니까? 그리고 가난한 사람은 가진 것이 nothing이지요.

"우리 하나님이여, 광대하시고 능하시고 두려우시며 언약과 인자하심을 지키시는 하나님이여…"(느헤미야 9:32).

우리 하나님이 세상에서 가장 강하십니다. 그분만이 가장 악한 마귀도 넉넉히 이기십니다.

마음과 뜻을 다해서 승리의 하나님을 신뢰하십시오. 그분 안에서 우리도 승리자와 정복자가 됩니다.

May. 21
비만과 정크 푸드

　미국인의 비만은 심각한 사회 문제입니다.

　2030년이 되면 42퍼센트의 성인이 비만이 되고 그중 4분의 1은 고도 비만이 될 수 있습니다. 정크 푸드(junk food) 생산업자들은 우리에게 알릴 수 없는 불편한 진실을 많이 가지고 있습니다. 그들은 제품을 팔기 위해서 매년 수십억 불을 광고비로 쓰고 있습니다. 자기 제품과 관련된 건강 문제를 최소화하려고 막대한 자금을 투입합니다. 또한 비만을 막기 위해서 투쟁하는 단체들에 대항하여 갖가지 방법을 동원하고 있습니다. 자기들의 신용을 위협하는 여론과 비판에 대해서도 공격적으로 대처하고 있습니다.

　그러나 몸을 위해서 먹는 음식을 주의하는 것 뿐 아니라 마음과 영혼을 위한 양식에 더 큰 주의를 기울이십시오.

　우리를 병들게 하고 비만을 불러오는 정크 푸드를 피하고 영혼을 피폐화하는 '거짓된 영혼의 양식'도 피하십시오.

　"… 순전하고 신령한 젖을 사모하라…"(벧전 2:2).

May. 22

두 얼굴

사탄은 적어도 두 가지 얼굴을 가지고 있습니다. 사자의 얼굴과 뱀의 얼굴입니다. 이 두 얼굴에서 사탄의 특징과 성품을 볼 수 있습니다. 사탄은 우는 사자와 같습니다. 우리를 위협하고 잡아먹으려고 합니다. 우리를 공격하고 하나님의 일을 훼방합니다. 또 가족과 하나님의 백성들 사이에 갈등과 분열의 씨앗을 퍼뜨립니다.

사탄은 사악한 뱀과 같습니다. 조용하지만 간사합니다. 우리를 속이고 유혹합니다. 우리가 방심하는 기회를 노립니다. 또 우리를 물어 독으로 죽이려고 합니다.

예수님의 말씀을 기억하십시오.

"보라. 내가 너희를 보냄이 양을 이리 가운데로 보냄과 같도다. 그러므로 너희는 뱀 같이 지혜롭고 비둘기 같이 순결하라"(마 10:16).

이빨 빠진 사자를 두려워하지 말고 간사한 뱀의 덫에 걸리지 않게 주의하십시오.

May. 23
포장의 함정을 조심하라

이것은 목욕할 때 사용하는 소금이 아닙니다. 중독증을 일으키는 매우 위험한 마약입니다. 최근 청소년들이 쉽게 몽롱한 기분을 느끼기 위해서 사용하는 심각한 마약입니다. 이것은 합법적으로 아무 데서나 살 수 있습니다. 마켓에서 Ivory Wave, Blue Silk, Cloud Nine, Ocean Snow, Vanilla Sky, Bliss, K2 등의 이름으로 팔리고 있으니까요. 이것은 정신병, 환청과 망상, 가슴통증, 발작, 자살, 정신착란, 다른 사람을 죽이고 싶은 마음 등을 일으킵니다.

경찰 조사에 따르면 지난번 마이애미에서 발생한 '살을 파먹는 사건'은 이 목욕 소금(Bath Salts) 때문이었다고 합니다. 평범한 소금 같지만 대단히 치명적입니다. 사탄은 악한 것들을 '평범한' 이름으로 포장해서 유혹합니다. 도박을 오락이라고 부르고 간음을 쾌락이라고 부릅니다. 사기는 기술이라고 하고, 불순종은 자유, 죄는 실수라고 부릅니다. 자녀들이 이 목욕 소금에 손대지 못하게 주의하십시오.

자신도 죄에 손대지 않도록 더욱 주의합시다.

May. 24
무엇을 이식하겠습니까

국제 테러 단체인 알카에다에서는 자살 폭탄자의 몸에 폭발물을 이식하는 방법을 연구하고 있다고 합니다. 알카에다의 외과의사들은 자살자의 가슴이나 복부에 강력한 폭발성 화학물질을 주입하여 공항의 보안 검사대를 통과할 수 있다고 주장하고 서방 정보관계 기관에서는 그 대처법을 찾고 있다고 합니다.

우리는 대단히 위험한 세상에 삽니다. 사탄은 우리 속에 악한 생각과 독한 마음을 심어서 우리를 멸망시키려고 잠시도 쉬지 않습니다. 사탄은 자기 일을 쉰 적이 없습니다. 그는 여러 계략으로 유혹하려고 우리를 호시탐탐 노리고 있습니다. 오직 하나님만 우리에게 새 마음과 새 영을 주십니다.

"또 새 영을 너희 속에 두고 새 마음을 너희에게 주되 너희 육신에서 굳은 마음을 제거하고 부드러운 마음을 줄 것이며"(겔 36:26).

그렇습니다. 하나님만 예수 그리스도를 통해서 우리에게 새 마음과 새 생명을 주십니다. 우리는 예수 그리스도 안에서 새로운 피조물입니다. 항상 새 마음을 가진 새로운 사람으로 삽시다.

May. 25

언제 감사하나요

우리는 언제 하나님께 감사합니까? 일이 잘 풀리고 우리가 기도한 대로 응답될 때는 당연히 감사합니다. 열심히 수고한 것에 성과가 있고 마음과 가족에 평안을 주시면 감사합니다.

그렇다면 전혀 바람직하지 않은 상황에서는 어떻습니까? 갑자기 질병이 찾아오거나 실패하거나 배신을 당했을 때, 뜻밖의 슬픔이 닥치고 경제적인 압박이 심해지고 심지어 핍박이 와도 감사할 수 있을까요?

하나님은 '범사에' 감사하라고 말씀하십니다(살전 5:18).

지금 어떤 상황에 처해 있든지 그 속에서 하나님께 감사할 이유를 찾으십시오. 하나님은 결코 실수하지 않으시고 자기 자녀를 버리지 않으십니다. 지금의 상황을 조금 다르게 바라보고 하나님께서 어떻게 역사하실지 기대하십시오. 그러면 감사할 이유를 찾을 수 있고 비로소 범사에 감사하는 법을 배우기 시작합니다.

May. 26

비둘기입니까 뱀입니까

　북한이 보낸 위장간첩이 종종 체포됩니다. 최근에 잡힌 여자는 탈북자로 위장하고 중국 국경을 넘어 합법적인 방법으로 한국에 들어왔습니다. 그런데 국가정보원에서 조사받는 과정에서 그가 북한이 보낸 간첩인 것이 드러났습니다. 남한 땅에는 그런 식으로 유입한 북한 간첩이 아주 많다고 합니다.

　사탄도 하나님의 백성을 멸망시키려고 '간첩들'을 보냅니다. 대개 '순진한 비둘기'같은 모습으로 우리에게 다가오지만 그들은 우리를 물려고 공격하는 '사악한 뱀'과 같습니다.

　"누구든지 헛된 말로 너희를 속이지 못하게 하라. 이로 말미암아 하나님의 진노가 불순종의 아들들에게 임하나니"(엡 5:6).

　사탄은 대단히 간사하고 극악해서 언제든 우리를 찢으려고 합니다. 그의 위장된 계략을 항상 조심하십시오.

May. 27
시간의 가치

시간의 가치를 실감나게 표현한 짧은 글을 함께 나누고자 합니다.

"시간은 쉬지 않고 달린다. 오늘을 최대한 사용하라.

일 년의 가치를 알려면 한 학년을 낙제한 학생에게 물어보라. 한 달의 가치를 알려면 아기를 조산한 어머니에게 물어보라. 일주일의 가치를 알려면 주간 신문의 편집자에게 물어보라. 하루의 가치를 알려면 아이들을 먹여야 하는 일용직 근로자에게 물어보라. 한 시간의 가치를 알려면 사랑하는 사람을 기다리는 연인에게 물어보라. 일 분의 가치를 알려면 타야 할 기차를 놓친 사람에게 물어보라. 일 초의 가치를 알려면 방금 사고를 면한 사람에게 물어보라. 수십 분의 일 초의 가치를 알려면 올림픽에서 은메달을 딴 선수에게 물어보라."

시간의 가치를 깨달았다면 한순간도 낭비하지 마십시오. 시간은 제한되어 있으며 생명과 같기 때문입니다.

May. 28

살을 파먹는 박테리아

이것은 매우 드물면서도 심각한 병입니다. 작은 상처나 긁힌 곳에서 급속하게 온몸으로 퍼집니다.

주변의 세포를 파괴시키고 혈관 속으로 침투하여 해로운 물질을 분비하면서 빠르게 자랍니다.

근육과 피부와 몸의 세포까지 갉아먹기 때문에 생존을 위해서는 신속한 치료가 꼭 필요합니다.

'영혼을 파먹는 박테리아'는 바로 죄입니다. 사탄은 우리 속에 '독소의 박테리아'를 퍼뜨리려고 애씁니다.

"시몬아, 시몬아, 보라. 사탄이 밀 까부르듯 하려고 요구하였으나"(눅 22:31).

시몬 베드로는 사탄에게 공격을 당해서 예수님을 모른다고 세 번이나 부인하지 않았습니까? 그는 그때 무방비 상태였습니다. '흔하고도 심각한 영적인 박테리아'를 경계하십시오.

하나님의 말씀과 성령의 능력으로 싸워 무찌르십시오.

May. 29
틈을 노리는 약탈자들

내 서재와 도서실 그리고 소규모 예배 처소가 있는 조이랜드에는 여러 종류의 약탈자들이 있습니다.

코요테, 살쾡이 그리고 매가 다람쥐를 찾아서 배회하다가 추격하고 공격하는 모습을 자주 봅니다. 얼마 전에도 살쾡이 한 마리가 다람쥐를 쫓고 있었습니다. 다람쥐가 땅속으로 도망치니 살쾡이는 구멍 곁에 조용히 앉아서 다람쥐가 밖으로 나올 때까지 꼼짝도 하지 않았습니다. 공중에는 매가 빙빙 돌면서 배를 채우려고 먹잇감을 찾고, 코요테는 이른 아침 식사를 찾아 나섭니다.

우리 주위에도 항상 우리를 위협하는 약탈자가 있다는 것을 아십니까? 부주의한 한 부부가 에덴동산에서 속임을 당한 이후로 마귀는 우리를 집어 삼키려고 계속 어슬렁거립니다.

"마귀에게 틈을 주지 말라"(엡 4:27).

마귀는 우리의 무방비 상태 순간을 이용해서 공격합니다. 마귀가 기어들어오지 못하도록 작은 틈도 보이지 마십시오. 설마하고 방심했다가는 자칫 생명을 잃을 수도 있습니다.

May. 30

참된 회개

세례 요한과 예수님의 첫 번째 메시지는 "회개하라. 천국이 가까이 왔느니라"(마 3:2)였습니다.

성경에는 두 가지 회개가 있습니다.

거짓 회개는 자기연민에서 나오는 감정적인 것이고, 죄의 결과가 무서워서 하는 것이며, 합당한 배상을 하지 않고, 위선자로 만드는 결과를 가져오며, 같은 죄를 반복해서 짓게 됩니다. 바리새인과 사두개인들과 사울 왕과 같습니다.

참된 회개는 죄에 대한 깊은 아픔에서 나오는 것이고, 주님께 용서를 받기 위해서 하며, 합당한 배상을 치루고, 회개의 결과로 겸손과 믿음이 생기며, 성령의 능력으로 인해서 계속 범죄에 빠지지 않습니다. 세리 삭개오와 다윗 왕의 경우와 같습니다.

참된 회개는 진실한 믿음과 정결한 마음을 줍니다. 죄를 자백함으로 우리 마음을 정결하게 보존합시다(요일 1:9).

May. 31
타협은 없습니다

신앙생활에서 타협은 위험합니다. 우리를 넘어지게 하고 결국 망하게 합니다. 모세가 이스라엘 백성을 애굽에서 탈출시킬 때 바로가 모세와 타협하려고 했던 일을 생각해 보십시오. 바로는 먼저 모세에게 이렇게 말했습니다.

"너희는 가서 이 땅에서 너희 하나님께 제사를 드리라"(출 8:25).

바로의 두 번째 유혹적인 타협은 무엇이었습니까?

"내가 너희를 보내리니… 너무 멀리는 가지 말라"(8:28).

바로의 세 번째 타협안을 보십시오.

"너희 장정(남자들)만 가서(어린 것들을 남겨 두라)"(10:11).

바로의 또 하나의 간사한 타협안을 보십시오.

"너희는 가서 여호와를 섬기되 너희의 양과 소는 머물러 두라"(10:24).

이 모든 타협안에 끝까지 "No!"라고 거절한 모세는 결국 모든 백성과 가축까지 이끌고 출애굽을 했습니다. 죄와 타협하지 않아야 합니다. 한 발자국도 들여놓지 못하게 하십시오. 하나님에 대한 믿음을 강력하게 지키십시오. 마귀와의 타협은 절대로 없습니다!

The Scent of Gospel

6
June

부끄러울 것이 없는 일꾼으로
인정된 자로
자신을 하나님 앞에 드리기를 힘쓰라.

딤후 2:15

June. 1
은혜의 이슬

이스라엘처럼 이곳 남부 캘리포니아도 여름철에는 매우 덥고 건조합니다. 풀들은 누렇게 시들고 나무들은 목이 마릅니다. 가정집 뜰에 있는 꽃나무들은 스프링클러로 물을 주지만 산과 언덕에 있는 나무와 풀들은 도대체 어떻게 사는 것일까요? 바로 밤의 그늘 가운데 내리는 시원하고 맑은 이슬로 삽니다.

우리의 영혼은 이 건조하고 메마른 세대에서 어떻게 매일 새롭게 소생할 수 있을까요? 맑은 이슬 같은 하나님의 말씀과 위로자이신 성령의 능력으로 살아갈 수 있습니다. 바람이 심하게 불거나 폭풍이 있는 밤에는 이슬이 내리지 않는다는 것을 아시지요? **쉼이 없는 영혼은 하나님의 은혜의 이슬을 받지 못합니다.**

매일 아침 마음과 영혼이 고요하여야 하나님의 영적인 이슬을 받을 수 있습니다.

잠잠한 영혼으로 하나님의 말씀을 기다리십시오. 영혼은 주님의 이슬로 새 힘을 받고 소생할 것입니다.

June. 2
내일을 아는 사람은 없다

우리에게 내일이라는 것은 미지의 신비입니다. 알고 싶다고 들여다볼 수도 없습니다.

내일은 불확실의 날입니다. 무슨 일이 벌어질까? 가족과 교회에 무슨 일이 생길까? 하나님이 맡기신 일을 다 감당하도록 건강하게 살 수 있을까? 내일은 기회의 날입니다. 어제는 넘어지고 실패했어도 내일 다시 일어나서 성공을 시도할 수 있습니다. 어제는 슬프고 어두웠지만 내일은 빛 가운데 새 기쁨을 찾을 수 있습니다. 내일은 기대의 날입니다. 우리 주님이 곧 다시 오십니다. 모든 눈물과 고통이 영원히 사라질 것입니다. 우리의 구원이 드디어 완성될 것입니다. 신실한 성도에게 내일은 소망의 날입니다. 그렇지만 죄 가운데 잃어버린 자에게는 두려움과 멸망의 날인 것을 잊지 마십시오.

비록 우리는 내일에 대해서 아는 것이 없지만 우리의 목자 되신 주님이 다 아시고 약속하신 대로 끝까지 인도하시기 때문에 염려할 필요가 없습니다.

June. 3

산 제물로 드리는 영적 예배

"… 너희 몸을 하나님이 기뻐하시는 거룩한 산 제사로 드리라. 이는 너희가 드릴 영적 예배니라"(롬 12:1).

우리가 우리 몸을 어떻게 산 제사로 드릴 수 있을까요?

눈을 가지고 하나님이 지으신 아름다운 세상을 보고 그의 창조의 능력을 찬양하십시오. 귀를 가지고 소망 없이 사는 이들의 외침을 듣고 그들을 불쌍히 여기는 마음을 가지십시오. 입을 가지고 이웃에게 그리스도의 구속을 말하여 그들도 주님의 위대한 구원을 알도록 하십시오. 머리를 조아리고 엎드려 하나님을 경배하고 그의 이름이 높임을 받으시도록 하십시오. 손을 가지고 주님의 교회를 부지런히 섬김으로 주님의 몸이 더욱 강건하게 하십시오. 발을 가지고 주께서 보내시는 곳에 가서 예수 그리스도의 복음의 능력을 나누십시오. 심장을 가지고 도움이 필요한 이들을 사랑하여 그들도 주님의 사랑을 받아들이게 하십시오.

주의 일을 위하여 당신의 시간을 아끼고 주의 영광을 위해서만 살고 죽겠다고 결단하십시오.

이것이 산 제물로 사는 그리스도인의 삶입니다.

June. 4
시간이 없다고요

늘 자기는 시간이 없다고 말하는 이들이 있습니다. 너무 바빠서 어떤 일을 할 수 없다는 것입니다. 정말 그럴까요? 너무 바빠서 중요하고 필요한 일을 못합니까? 모든 사람에게 똑같은 하루 분량의 시간이 주어졌습니다.

삶의 효율성은 그 시간을 어떻게 운영하는가에 달려 있습니다. 먼저 해야 할 것을 먼저 하십시오. 바로 우선순위의 문제입니다. 더 중요한 것을 위해서 덜 중요한 것을 포기하십시오. 한 번에 모든 것을 다 하려고 하면 무엇 하나 제대로 하기가 어렵습니다. 마치 음식 종류가 많은 뷔페에서 자기가 더 좋아하는 음식을 먹기 위해서 다른 음식들을 덜 먹거나 포기하는 것과 같습니다.

그래서 우리는 언제나 "먼저 그의 나라와 그의 의를" 구해야 합니다(마태 6:33).

그러면 질서가 잡히고 더 의미 있는 생활이 됩니다. 시간이 없다고 말하지 마십시오. 하나님과 그의 나라에 우선권을 두고 지혜롭고 효과적으로 시간을 운영하십시오.

June. 5

'카르페 디엠'을 기억하세요

카르페 디엠(Carpe diem)은 호라티우스의 시 중에 나오는 라틴어입니다. 흔히 '현재를 잡아라'라고 번역되는데 원래 '잘 익었을 때 그날을 따라'라는 뜻입니다. 이 말은 '우리가 대화하고 있는 동안에도 샘이 많은 시간은 달아나고 있다. 이날을 잡아라. 내일을 믿지 말라'는 문구 중에 나옵니다.

과거는 이미 지나갔고 다시 되돌릴 수 없습니다. 미래는 우리의 것이 아니며 알 수가 없습니다. 다만 오늘과 현재만 우리 앞에 놓여 있습니다. 그런데 사실 '지금'이라는 것은 없습니다. 우리가 지금이라고 말하는 순간 벌써 과거가 됩니다. 그래서 우리는 과거와 미래의 좁은 꼭대기에 사는 것이지요.

지금과 오늘이라는 시간을 낭비하지 마십시오. 바람같이 지나가는 귀한 시간을 아끼십시오(엡 5:16).

그리고 '카르페 디엠'을 기억하시기 바랍니다.

June. 6
잘못된 행선지

잘못된 도시로 비행기 여행을 해 본 적이 있습니까?

멜라니 마켄이라는 여성은 2011년 4월에 인디아나 주의 블루밍턴에서 열리는 회의에 참석하기 전 잠시 호텔에서 쉬기 위해서 일찍 비행기에 탑승했습니다.

막상 공항에 도착해 보니 그곳은 블루밍턴이라는 같은 이름을 가진 다른 도시였습니다. 비행기를 예약할 때 여행사의 실수로 인디아나 주가 아닌 일리노이 주에 있는 블루밍턴으로 잘못 적은 것입니다. 멜라니는 회의 시간에 맞추기 위해서 서둘러 다섯 시간이나 운전을 해서 돌아가야 했습니다.

당신은 지금 어디로 가고 있습니까? 바른 길을 가고 있다고 확신합니까? 하나님의 나라로 가는 여정이 잘못되지 않게 하십시오. 천국행 티켓을 확인하고 길을 잃지 않도록 주의해야 합니다. 예수님만 하나님께로 가는 유일한 길입니다.

"예수께서 이르시되 내가 곧 길이요 진리요 생명이니 나로 말미암지 않고는 아버지께로 올 자가 없느니라"(요 14:6).

June. 7
하나님과 떨어질 수 없습니다

'Just do it'(그냥 해라)이라는 문구는 스포츠 용품 회사의 광고 슬로건입니다. 고대 그리스 승리의 여신 이름을 가지고 있는 이 회사의 슬로건은 '할 수 있다'는 태도와 실천을 강조합니다. 많은 설교자들이 꿈과 의지만 있으면 꿈꾸고 원하는 것을 우리 힘으로 이룰 수 있다고 역설합니다. 정말 그럴까요? 우리는 원하는 것을 다 할 수 있습니까? 이 말은 우리에게 좋은 격려의 말이 되기는 하지만 믿음 없는 세상이 가르치는 속임수 중 하나입니다. 주님은 뭐라고 말씀하시는지 들어보십시오.

"… 나를 떠나서는 너희가 아무 것도 할 수 없음이라"(요 15:5).

'내가 할 수 있다'는 태도는 우리를 하나님에게서 멀게 할 수 있습니다. 그것은 더 이상 하나님이 필요하지 않다는 선언과 같습니다. 아담과 하와는 하나님으로부터 독립하고 싶어서 사단의 속삭임을 따라감으로 결국 범죄했습니다.

모든 일에 주님을 더 의지하는 자세를 취하십시오. 우리의 힘과 능력으로가 아니라 오직 주의 성령으로만 삶에 승리가 있고 열매가 있다는 것을 알고 주님을 매일 내 삶의 주인으로 인정하고 모십시오.

June. 8
일곱 가지 모양의 바리새인

예수님 당시에는 6,000명의 바리새인들이 있었다고 합니다.

어깨형(shoulder) 바리새인 - 그는 자기의 선행을 어깨에 훈장처럼 달고 다닙니다.

대기형(wait-a-little) 바리새인 - 그는 선행할 때 사람들을 세워서 보게 합니다.

맹인형(blind) 바리새인 - 그는 여자를 안 보려고 눈을 감고 다니다가 담벼락에 부딪치곤 합니다.

절구형(pestle) 바리새인 - 그는 유혹을 받지 않으려고 고개를 절굿공이처럼 숙이고 다닙니다.

계산형(ever-reckoning) 바리새인 - 그는 자신의 실패를 상쇄하려고 자기의 선행을 늘 계산합니다.

경외형(God-fearing) 바리새인 - 그는 욥처럼 의로운 사람입니다.

순종형(God-loving) 바리새인 - 그는 아브라함 같은 사람입니다.

겸손하고 정직한 하나님의 자녀로 삽시다.

June. 9
얼마입니까

노르웨이의 화가 에드워드 뭉크가 1895년에 그린 〈절규(The Scream)〉라는 파스텔 그림이 뉴욕 경매 시장에서 1억 1,990만 달러에 팔렸습니다. 이름이 알려지지 않은 한 경매자가 전화로 그 그림을 구입했는데 이 가격은 1억 650만 달러에 팔린 피카소의 그림보다 더 높은 기록이 되었습니다.

그러나 정말 비싸고 고귀한 것은 돈으로 사지 못합니다. 너무 비싸기 때문에 거저 받을 수밖에 없습니다.

"사람이 만일 온 천하를 얻고도 제 목숨을 잃으면 무엇이 유익하리요? 사람이 무엇을 주고 제 목숨과 바꾸겠느냐?"(마태 16:26).

우리의 영혼과 목숨이 세상의 어떤 것들보다도 비싸고 귀한 것이며, 우리가 가진 것으로는 그것을 살 수 없고 잠시도 연장시킬 수 없습니다. 나의 재산과 건강보다도 나의 목숨(영혼)을 더 사랑한다면 예수 그리스도를 구주와 주님으로 마음에 영접하십시오. 우리를 위해서 독생자 예수 그리스도를 보내 주신 하나님께서 거저 주시는 구원의 선물을 받고 주 예수를 믿는 믿음으로 사십시오.

June. 10
기다리세요

GMT(Greenwich Mean Time, 그리니치 표준시)는 원래 영국 런던의 그리니치에 있는 왕실 천문대에서 시작한 표준 태양시간을 말하는 것입니다. 그것이 후에 지구의 표준시 즉 UTC(Coordinated Universal Time, 협정세계시)가 되었습니다.

영적인 세계에도 GMT가 있습니다. '하나님의 표준시'(God's Mean Time)입니다. 즉 모든 것에 하나님의 때가 있다는 것입니다. 하나님은 지금까지 그의 시간표에 따라 일하셨습니다. 결코 늦으시거나 서두르신 적이 없습니다. 우리를 위한 하나님의 때는 완전하십니다. 그리고 우리에게 가장 좋은 때가 언제인지도 알고 계십니다. 그러니 조바심 내지 마십시오.

무슨 일에나 하나님의 때를 기다리십시오. 주님보다 앞서가려고 하지 말고 또 뒤로 처지지 않도록 하십시오. 주님과 항상 나란히 걸어가십시오.

June. 11

예수님이 대신 하셨습니다

예수님이 우리를 위해서 무엇을 하셨고, 왜 그러셨는지 생각해 봅니다. 주님의 출생과 삶이 낮고 겸손하셨기에 우리는 높이 들리게 되었습니다. 주님이 목마르고 배고프셨기에 우리는 만족함을 얻었습니다. 주님이 슬퍼하시고 눈물을 흘리셨기에 우리는 그 안에서 웃음을 찾았습니다. 주님이 피곤하고 지치셨기에 우리는 안식을 누리게 되었습니다. 주님이 사람들에게 버림받으셨기에 우리는 하나님께 받아들여졌습니다. 주님이 머리 두실 곳조차 없으셨기에 우리는 천국에 거할 곳이 생겼습니다. 주님이 십자가에서 하나님께 버림받으셨기에 우리는 하나님의 자녀가 되었습니다. 주님이 피와 가시의 면류관을 쓰셨기에 우리는 천국의 면류관을 기대하게 되었습니다. 주님이 십자가에서 죄인처럼 못 박히셨기에 우리는 죄를 용서받고 의롭게 되었습니다. 그리고 주님이 죽은 자 중에서 다시 사셨기에 우리는 주님과 함께 영원히 살게 되었습니다.

오 예수님! 이 모든 것을 죄인 된 우리를 위해서 하셨습니다. 주를 사랑하며 더욱 사랑하기 원합니다.

June. 12
비슷하지만 다릅니다

개구리는 두꺼비와 비슷해 보이지만 다릅니다.

종교들도 비슷해 보이지만 서로 다릅니다. 예배당에 가는 것과 예수님을 믿는 것은 다릅니다. 종교적인 사람이 되는 것과 그리스도인이 되는 것은 다릅니다. 성경에 대해서 아는 것과 성경을 믿는 것은 다릅니다. 성경을 믿는 것과 하나님의 말씀에 순종하는 것은 다릅니다. 성령을 받는 것과 성령의 충만을 받는 것은 다릅니다. 예수님에 대해서 아는 것과 주님을 개인적으로 만나는 것은 다릅니다. 물로 세례를 받는 것과 성령으로 거듭나는 것은 다릅니다. 그리고 구원받기 위해서 선행을 하는 것과 은혜로 구원받았기 때문에 선행을 하는 것은 다릅니다.

이런 차이를 바로 아는 것이 참된 지혜입니다. 올바른 선택을 하는 지혜가 있기를 바랍니다.

June. 13

무엇을 듣고 있는가

보청기는 귀 속이나 귀 뒤에 부착하는 일종의 소형 확성기로서 착용자가 소리를 잘 들을 수 있게 조절이 가능하도록 고안된 것입니다. 보청기는 귓속형, 귀걸이형, 고막형, 외이도형, 주머니형 등 다양한 모습을 가지고 있습니다.

우리는 하나님의 음성을 어떻게 들을 수 있습니까? 우리에게도 '영적 보청기'가 필요한 것은 아닐까요?

"하나님께 속한 자는 하나님의 말씀을 들나니…"(요 8:47).

무엇보다 예수님을 통해서 하나님께 속해야 그의 음성을 들을 수 있습니다.

성령 충만하고 예수님께 대한 강한 믿음을 갖는 것, 하나님의 지혜와 성경에 대한 깊은 지식, 그리고 하나님께 대한 조건 없는 헌신이 좋은 영적 보청기의 역할을 합니다.

지금 어떤 종류의 영적 보청기를 갖고 있으신가요?

매일 더 효과적인 영적 보청기를 개발하고 사용하십시오.

June. 14

어디에 연결되어 있습니까

왜 사람들은 늘 스마트폰이나 노트북을 손에서 놓지 못하는 것일까요? 다른 사람들과 항상 연결되고 싶기 때문입니다. 잠시라도 다른 사람과의 연결이 끊어지면 주변 사람들에게서 소외되거나 왕따를 당하는 느낌을 갖게 되기 때문이지요.

그렇다면 어떻게 해야 하나님과 항상 연결되어 있을 수 있습니까? 하나님과 연결이 끊어진다는 것은 그의 임재와 축복에서 벗어나는 것입니다.

쉬지 말고 기도하세요(살전 5:17). 어떻게 쉬지 않고 기도할 수 있습니까?

언제나 어디서나 성령 안에서 기도하세요(엡 6:18). 하나님의 말씀을 마음에 담아두세요(시 119:11).

성경 말씀을 암송하고 늘 묵상하는 것입니다. 성경에서 배운 것을 실천하세요. 하나님에 대해 배우고 아는 대로 순종하는 것입니다. 그러면 하나님과 늘 연결되어 있을 것입니다.

June. 15

하나님을 만나 보세요

우리는 소음과 소용돌이의 시대에 삽니다. 사람들은 군중 속에서 무명씨로 있으면 편안해 합니다. 그러다가도 자기 주변에 아무도 없으면 무시당하거나 왕따 당한 느낌을 갖습니다. 고립(Loneliness)과 고독(Solitude)은 다릅니다. 고립은 일종의 분리입니다. 고립되는 것은 두렵고 슬픈 일이지요. 고립되면 마음에 소요가 일어나고, 상실감과 버림받은 느낌이 듭니다. 그래서 고립되기를 원하지 않습니다.

고독은 마음이 고요한 것입니다. 고독하면 주님과 더 가까워질 수 있습니다. 우리 자신과 하나님을 바라보는 기회가 되고, 삶과 죽음에 대해서 더 깊이 생각하며 하나님의 말씀을 묵상할 수 있는 시간입니다.

가능한 한 자주 하나님과 독대하십시오. 날마다 주님을 더 알아가기 바랍니다.

June. 16

어떤 반응을 보이시겠습니까

예수님의 십자가 사건에 대한 3인 3색의 반응을 생각해 봅니다.

빌라도는 비겁하게 십자가 사형을 결정했고 예수님은 십자가에서 보배로운 피를 쏟으셨습니다. 그리고 빌라도는 영원히 저주받았습니다.

구레네 사람 시몬은 억지로 십자가를 졌지만 결국 그는 믿는 자가 되었고 전설에 따르면 그의 두 아들은 선교사가 되었답니다.

그리고 사도 베드로는 기꺼이 십자가를 졌고 결국 자신도 십자가에 거꾸로 매달려 순교했습니다. 그는 진실한 제자의 본이 되었습니다.

그렇다면 주님의 십자가를 보면 나는 어떻게 반응하나요?

날마다 자기 십자가를 지고 주를 좇아야 하겠습니다.

June. 17

집이 어디입니까

현재 미국 내 홈리스 인구가 70만 명이고 안타깝게도 그 숫자는 계속 늘고 있다고 합니다. 그들 대부분은 뒷골목이나 낡은 자동차 등 환경이 매우 열악한 곳에서 삽니다. 경제 침체로 인해 직장과 집을 잃거나 갑작스러운 사고나 만성적인 장애 등으로 어쩔 수 없이 홈리스가 된 사람들입니다. 이들을 보며 믿는 자들을 위해서 주님이 예비하신 하늘나라의 집을 생각합니다.

"내 아버지 집에 거할 곳이 많도다"(요 14:2).

그렇습니다. 이 땅에서는 영원히 거할 곳이 없지만 머지않아 갈 아름다운 곳이 있습니다(히 13:14).

주님을 믿고 따르는 이들은 이 땅의 거류자지만 하나님 아버지가 우리를 위해 준비해 두신 영원한 집이 약속되어 있습니다. 지금도 누구든지 예수 그리스도를 구주로 믿으면 이 놀라운 약속을 받을 수 있습니다.

이 영원한 집에 대한 약속을 가지고 계십니까?

June. 18
터지지 않은 폭탄

각국에는 터지지 않은 폭발물이 무수히 많이 숨어 있습니다. 가장 심각한 문제는 세월이 흐르면서 폭발물의 뇌관이 심하게 녹이 스는 경우입니다. 녹슨 뇌관은 조금만 건드려도 폭발할 정도로 대단히 예민해서 다루기 어렵습니다. 보고에 따르면 두 번에 걸친 세계 대전 이후로 미국과 한국을 포함한 세계 곳곳에 터지지 않은 포탄, 지뢰, 수류탄 등이 여전히 많이 남아 있습니다.

예수 그리스도의 복음은 더욱더 강력한 폭발물입니다. 그리고 그것은 전 세계적으로 속히 터져야 합니다.

"… 이 복음은 모든 믿는 자에게 구원을 주시는 하나님의 능력이 됨이라…"(롬 1:16).

그렇습니다. 예수 그리스도의 복음은 폭탄과 같아서 죄를 깨뜨리고 죄인에게 새 마음을 줍니다. 우리 속에 있는 그리스도의 복음이 터지게 하여 더 많은 이들이 우리 주님을 믿게 합시다.

June. 19
나를 따르라

우리는 주님이 제자들을 부르며 "나를 따르라!"고 두 번 말씀하신 것을 볼 수 있습니다.

첫 번째는 "나를 따라 오라. 내가 너희로 사람을 낚는 어부가 되게 하리라"(막 1:17)입니다. 이것은 죄로부터 구원받기 위한 부르심이고, 예수님 안에서 안식을 찾고, 주 안에서 기쁨을 얻고, 주님을 믿어 하나님의 자녀가 되고, 풍성한 삶을 살게 하시는 부르심입니다.

두 번째는 "베드로에게 나를 따르라…"(요 21:19)입니다. 이것은 그리스도의 십자가로 부르심이고, 자기를 부인하라는 것이고, 주를 섬기라는 것이고, 주를 위해서 헌신하라는 것이고, 결국 주를 위해서 죽으라는 부르심입니다.

당신은 지금 어디에 있습니까? 만일 두 "나를 따르라!"의 가운데에 있다면 두 번째의 부르심을 향해 계속 나아가십시오.

June. 20
하나님의 인정을 받았습니까

한 바이올린 전공 학생이 졸업 연주회를 가졌습니다. 연주회장은 가족과 친구들로 가득 찼습니다. 연주자는 최선을 다했고 우레 같은 박수도 받았습니다. 그런데 연주자는 연주회 내내 긴장해 보였고 2층 발코니를 자주 올려다봤습니다. 발코니에 앉아 있던 한 사람이 고개를 끄덕이자 비로소 연주자의 얼굴이 밝아지면서 미소가 떠올랐습니다. 발코니에 있던 사람은 연주자의 지도교수였습니다.

우리의 신앙생활에서는 누구의 인정이 필요한가요? 목사나 장로 같은 교회 지도자나 친구들의 인정입니까?

"너는… 부끄러울 것이 없는 일꾼으로 인정된 자로 자신을 하나님 앞에 드리기를 힘쓰라"(딤후 2:15).

청중이 연주자에게 큰 박수를 보냈다고 해도 지도교수의 인정이 없으면 그 연주는 실패입니다. 이렇듯 사람들의 칭찬과 인정이 있을지라도 우리 삶에는 하나님의 인정이 꼭 필요합니다.

무슨 일을 하거나 말하거나 사역을 하는 모든 순간에 하나님의 인정을 받을 수 있도록 힘씁시다.

June. 21
먼 곳을 바라보는 능력

요즘 청소년들에게 근시가 증가하고 있습니다. 너무 빈번한 인터넷 사용이 주원인이라고 합니다. 특히 성장하는 기간에 근시가 더 악화되고 있습니다. 근시가 되면 멀리 있는 것을 잘 볼 수 없습니다.

그런데 영적 근시안에 대해서 생각해 본 적 있으십니까? 그런 사람들은 눈앞에 가까이 있는 것들, 즉 보이는 것과 물질적인 것에 초점을 두고 영적인 것은 보지 못합니다.

"이런 것이 없는 자는 맹인이라. 멀리 보지 못하고 그의 옛 죄가 깨끗하게 된 것을 잊었느니라"(벧후 1:9).

무엇이 없는 사람이 영적 근시입니까? 믿음은 있으나 덕, 지식, 절제, 인내, 경건, 형제 우애, 그리고 사랑이 부족한 것입니다(벧후 1:5-7).

영적 근시안이 되지 마십시오.

성령의 도우심으로 오늘과 내일 그리고 죽음 너머도 보십시오.

June. 22
껍질을 벗고 성장하라

바닷가재 암컷 한 마리는 한 번에 1만 개의 알을 낳습니다. 그렇지만 그 알들 가운데 성장한 바닷가재가 되는 비율은 1퍼센트 미만입니다. 가재는 딱딱한 껍질을 깨거나 벗고 자랍니다. 껍질이 벗겨지면 부드러운 속살이 남는데, 다시 껍질이 단단해질 때까지 위험한 상태에 처하는 것이지요. 그 기간에 가재는 다른 생물의 먹이가 되기 쉬워서 생존하기 위하여 모래 속에 자기 몸을 감춥니다. 작은 가재는 매년 서너 번 껍질을 벗으며 100그램씩 자랍니다. 어떻게 해야 신앙이 성숙하고 영적으로 성장할 수 있을까요?

"너희는 유혹의 욕심을 따라 썩어져 가는 구습을 따르는 옛사람을 벗어 버리고"(엡 4:22).

오늘 내가 포기하고 버릴 것이 있지 않습니까? 오래된 나쁜 습관이나 행위를 끊기는 쉽지 않습니다만 그래도 주의 은혜 가운데 자라도록 그것을 끊으십시오.

June. 23

두려워하며 놀랄 자

세상에는 우리를 두렵게 하는 것들이 아주 많습니다. 그중 몇 가지를 열거해 보겠습니다.

일본에서 발생한 대규모 지진과 쓰나미, 인도네시아의 화산 폭발, 필리핀의 대홍수, 미국 중동부에서 발생한 끔찍한 토네이도, 아프리카 여러 나라의 내란과 종족 전쟁, 무슬림과 유태인들 간의 끊임없는 갈등, 남북한의 그치지 않는 날카로운 긴장, 이란의 핵공격 위협, 우리 몸속에서 자라는 공격적인 암세포, 지구상에 만연한 경제 파탄, 이단과 사이비 종교들의 발흥, 무서운 사고와 대규모 산불 등. 곳곳에 위험이 도사리고 있습니다. 이 땅 위 어디에서 안전한 곳을 찾을 수 있습니까?

피할 수 있는 곳이 딱 한 군데 있습니다.

"만군의 여호와 그를 너희가 거룩하다 하고 그를 너희가 두려워하며 무서워 할 자로 삼으라"(사 8:13).

하나님을 두려워하는 것이 지식과 지혜의 시작입니다. 그분만이 우리가 거할 피난처입니다.

우리 주 하나님 외에는 아무것도 두려워하지 마십시오.

그분은 우리의 사랑하는 아버지요, 전능하신 하나님입니다.

June. 24
자전거를 훔치기는 아주 쉽다

최근 뉴욕 거리에서 흥미 있는 짧은 영상이 제작되었습니다. 한 청년이 공공장소에 자기 자전거를 잠가 두고 많은 사람들이 지나는 길에서 자기가 그것을 훔칩니다. 사람들이나 경찰이 관심을 보이는지 실험한 것이지요. 처음에는 톱을 사용해서 자전거를 묶은 끈을 끊었습니다. 19명이 그가 자전거 줄을 끊는 장면을 봤지만 누구도 상관하지 않았습니다. 두 번째는 강도들이 쓰는 도구를 사용하여 자전거 끈을 잘랐고 6명이 그것을 봤지만 무얼 하느냐고 묻는 사람도 없었습니다. 세 번째는 실험에서는 26명이 그를 봤지만 마찬가지였고 또 다시 실험할 때는 수많은 사람들이 그 사람 곁을 지나간 후에야 그곳을 지나던 경찰이 다가왔습니다. 그 사람은 실험을 설명하면서 이렇게 말했습니다.

"번화한 뉴욕 거리에서 자전거를 훔치는 것은 아주 쉽군요."

사람들의 무관심 때문입니다. 지금도 수많은 사람들이 그리스도 없이 멸망하는 사람들에 대해서 관심이 없습니다. 당신에게는 잃어버린 영혼에게 쏟 마음이나 흘릴 눈물이 있습니까? 이제는 무언가 할 수 있는 일을 해야 하지 않을까요?

June. 25
펑크 난 타이어

달리던 차가 도로에서 펑크 난 적이 있습니까? 나는 자동차를 타고 신학교에 다닐 때 그러한 일을 몇 번 경험했습니다.

왜 자동차 타이어에 구멍이 날까요? 바퀴가 낡았거나 날카로운 못에 찔리면 그렇게 되지요. 즉시 수리하고 공기를 채워야 하는 건 당연합니다. 펑크 난 타이어를 보며 성령 충만에 대해서 생각해 봅니다. 성령 충만은 승리하는 신앙생활에 필수적입니다. 하나님의 영으로 충만하지 못하면 기쁨이나 능력이나 열매가 없기 때문입니다.

"성령 충만을 받으라"는 것은 하나님의 명령이며 그건 우리가 어떻게 생각하든지 상관이 없습니다.

자동차 타이어에 항상 공기가 가득 채워져 있어야 하는 것처럼 우리의 믿음생활에도 항상 성령으로 충만해야 합니다. 성령 충만을 위해서 늘 기도합시다(엡 5:18).

June. 26
실패의 가치

IBM 회사에서 근무하는 프로젝트 매니저의 실수로 회사에 1,000만 달러의 손해가 났습니다. 그는 크게 실망한 채 사장실로 갔습니다. "죄송합니다. 제가 그만두기를 원하시는 줄 압니다. 오늘 중으로 회사를 떠나겠습니다."

그러자 사장이 정색을 하며 말했습니다. "지금 농담하십니까? 당신의 교육을 위해서 우리는 1,000만 달러를 투자했을 뿐입니다. 그냥 떠나지 못합니다. 지금 돌아가서 일하세요."

그 후 그는 성공적으로 일을 마쳤다고 하지요.

"자신의 실패보다 더 좋은 교육은 없다."는 말이 있습니다.

나 자신도 몇 번의 실패를 경험했습니다. 실패를 통해 삶에 유익한 좋은 교훈을 배웠고, 하나님은 그 모든 것을 합력하여 선을 이루셨습니다. 어떤 일을 시도했다가 실패한 적이 있습니까? 어떻게 모든 일에 항상 성공만 할 수 있겠습니까? 실패를 두려워하지 말고 팽개치려는 마음을 두려워하세요. 실패를 통해서 다른 곳에서 배울 수 없는 교훈을 배운 것입니다. 실패해 보는 것이 아무것도 하지 않고 실패하지 않는 것보다 낫습니다.

넘어지더라도 다시 일어나서 또 시도하세요.

June. 27

물 없는 동산

하나님을 버리고 악을 행하는 자는 물이 없는 동산과 같습니다(사 1:30).

풀과 꽃들이 마르고 죽어갑니다. 머지않아 마른 땅이 되어 나비도 찾아오지 않을 겁니다. 신앙생활과 교회에 대해서도 물 없는 동산과 같다는 생각을 했습니다.

그리스도의 복음이 없는 교회 거기에는 영생과 구원이 없습니다.
예수 그리스도가 없는 종교 거기에는 거듭남과 천국이 없습니다.
성령이 없는 기독교 거기에는 거룩함과 능력이 없습니다.
믿음 없는 열정 거기에는 변화와 기쁨이 없습니다.
행위 없는 믿음 거기에는 상급과 활력이 없습니다.

항상 물이 넉넉한 동산이 되십시오(사 58:11).

June. 28
어떻게 예배할까

이스라엘 백성은 진실한 마음과 정성이 없이 다만 종교적인 의식과 예식으로 하나님을 예배했습니다. 하나님은 그들을 기뻐하지 않으시고 헛된 제물을 받지 않으셨습니다.

"헛된 제물을 다시 가져오지 말라. 분향은 내가 가증히 여기는 바요…"(사 1:13).

그들은 제물을 드리면서도 악행을 저질렀고, 하나님을 향해 손을 들고 기도했지만 그 손에는 피가 가득했습니다. 문제는 그들이 드리는 제물이 아니라 예배자들이 잘못되었던 것입니다.

우리는 하나님을 어떻게 예배합니까? 훌륭한 찬양, 멋진 오케스트라, 강력한 설교 그리고 많은 헌금이 전부인가요? 우리의 마음은 어디에 있나요? 예배에서 무얼 기대합니까?

"너희가 즐겨 순종하면 땅의 아름다운 소산을 먹을 것이요"(사 1:19).

하나님이 아니라 모인 사람들만 좋아하는 그런 예배는 헛것입니다. 우리의 예배하는 자세를 점검합시다. 매일의 삶에서 주님께 즐겨 순종하여 우리의 삶이 산 제사로서 하나님께 영광이 되게 합시다.

June. 29

계속 뿌리세요

신선한 채소를 먹을 수 있기를 기대하며 뒤뜰과 화단에 상추와 오이씨를 뿌렸습니다.

"…사람이 무엇으로 심든지 그대로 거두리라"(갈 6:7).

무엇을 뿌려야 합니까? 썩지 않는 복음의 씨를 뿌려야 합니다(벧전 1:23).

어디에 뿌려야 합니까? 열매를 맺을 만한 좋은 땅에 뿌려야 합니다(마 13:8).

언제 뿌려야 합니까? 때를 얻든지 못 얻든지 뿌려야 합니다(딤후 4:2).

얼마나 뿌려야 합니까? 넉넉하게 뿌리세요.

어떻게 뿌려야 합니까? 눈물로 기도하며 조심스럽게 뿌리세요.

"눈물을 흘리며 씨를 뿌리는 자는 기쁨으로 거두리로다"(시 126:5).

구원을 주시는 하나님의 능력인 복음의 씨를 부지런히 뿌리십시오. 어느 날 풍성한 수확을 얻게 될 것입니다.

June. 30

좀 더 참을 수 있습니까

우리는 모든 것이 빨라지는 세상에 삽니다. 무얼 하든지 즉각적인 결과를 보기 원합니다. 사람들은 더 조급하고 인내심을 잃어갑니다.

잠시 사도 바울을 생각해 보십시오. 그는 온전히 복음을 위하여 핍박을 받고 감옥에도 갇히고 참수를 당하면서까지 순교했습니다. 그에게는 낙담할 만한 이유가 엄청나게 많았지만 주님을 위해서 오래 참고 견뎌냈습니다. 고난과 환난에도 굴하지 않았던 그의 놀라운 끈기 때문에 복음은 거대한 로마제국에 불같이 확산되었고 수천만의 사람들이 주님께 돌아왔습니다.

우리를 위해서 십자가를 참으신 주님을 기억하십시오. 그는 하나님이신데도 그런 많은 고통을 참으셨습니다. 주의 복음과 그의 영광스런 나라를 위하여 좀 더 참고 주님을 바라보지 않으시겠습니까? 하나님은 우리가 우리 자신을 아는 것보다 우리를 훨씬 더 잘 아십니다.

가족과 친척과 이웃에 대해서 조금 더 참으세요. 결코 실망하지도 말고 포기하지도 마세요.

The Scent of Gospel

7
July

너는 범사에 그를 인정하라.
그리하면 네 길을 지도하시리라.
잠 3:6

July. 1
믿음의 열매

 '믿음장'인 히브리서 11장에는 위대한 믿음의 사람들이 많이 나옵니다. 아벨, 그는 하나님께 정성껏 제사를 드렸고 주님은 그것을 기쁘게 받으셨습니다. 에녹, 그는 평생 하나님과 동행했기 때문에 죽음을 맞지 않고 승천할 수 있었습니다. 노아, 그는 거대한 배를 지어서 가족을 살렸습니다. 그는 홍수에 대비하라는 하나님 말씀대로 했습니다. 아브라함, 그는 갈 곳을 모르면서도 하나님의 말씀대로 고향을 떠남으로 순종의 모범이 되었습니다. 이삭, 모세 그리고 수많은 사람들이 있지요. 그들은 믿음 덕분에 담대하게 승리한 사람들입니다. 반면에 믿음 때문에 매 맞고 고문당하고 심지어 순교한 사람들도 많습니다. 그것도 믿음의 열매입니다.

 믿음은 부요함과 성공과 기쁨만 가져다주는 것이 아니라, 고난과 시련과 박해와 희생도 가져다줍니다. 주님을 위해서 쓰라린 눈물을 쏟을 때도 있습니다. "생각하건대 현재의 고난은 장차 우리에게 나타날 영광과 비교할 수 없도다"(롬 8:18). 우리는 세상을 이기신 예수님 안에서 결국 승리하게 된다는 것을 잊지 마십시오.

July. 2
누구를 닮기 원합니까

그리스도인들은 모두 예수 닮기를 원합니다. 예수님을 어떻게 닮고자 하는 것입니까? 병든 자를 낫게 하고 귀신을 내어 쫓고, 물 위를 걷고 죽은 자를 살리는 능력을 원합니까? 만일 그렇다면 우리가 하나님이 될 것입니다. 사단은 아담과 하와가 금지된 과실을 따 먹으면 하나님처럼 될 것이라고 속여서 죄를 범하게 했습니다.

우리는 예수님을 닮되 그의 인격과 삶을 배워야 합니다. 사람을 향한 사랑과 긍휼의 마음, 오래 참음, 아버지 하나님께 대한 조건 없는 순종 등입니다. 정말 주님 닮기를 원합니까? 모든 사람에 대해서 더 참으십시오. 도움이 필요한 이들에게 긍휼을 더 베푸십시오. 하나님의 일에 더 부지런하십시오. 그리고 하나님 아버지께 절대 복종하십시오.

예수님을 닮는 것은 평생의 과업입니다. 이 목표를 위해서 끊임없이 힘쓰십시오. 주님도 우리의 최선을 기뻐하실 것입니다.

July. 3

인간의 한계

우리가 바다 너머로 얼마나 멀리 볼 수 있을까요? 〈내셔널 지오그래픽〉지에 따르면 맑은 날 바닷가에서는 1.6킬로미터까지 볼 수 있습니다. 지구가 둥글기 때문에 그 이상은 볼 수 없습니다. 그럼 우리는 미래에 대해서 얼마나 보고 알 수 있을까요?

"너는 내일 일을 자랑하지 말라. 하루 동안에 무슨 일이 일어날는지 네가 알 수 없음이니라"(잠 27:1).

실제로 우리는 한 발자국 앞도 알 수 없습니다. 이것은 인간의 어쩔 수 없는 한계입니다. 그래서 우리는 전능하신 하나님을 의지해야 합니다.

"너는 범사에 그를 인정하라. 그리하면 네 길을 지도하시리라"(잠 3:6).

우리는 내일 일에 대해서 알지 못하지만 우리의 내일을 손 안에 쥐고 계신 하나님을 신뢰하기에 안심할 수 있습니다.

July. 4
어디에 맡기시겠습니까

은행이나 우체국 또는 특수기관에는 안전 금고가 설치되어 있습니다. 거기에는 보석, 현금, 유언장, 재산권리증, 출생신고서 같은 중요한 문서나 재산을 보관할 수 있으며 도난이나 화재, 홍수 등의 사고로부터 안전합니다.

여기 세상에서 가장 안전한 금고가 있습니다. 아무도 손댈 수 없고 가져갈 수 없는 곳입니다.

"너의 길을 여호와께 맡기라. 그를 의지하면 그가 이루시고"(시 37:5).

귀중품은 은행에 맡길 수 있지만 우리의 생명은 어디에 맡길 수 있을까요?

"너의 행사를 여호와께 맡기라. 그리하면 네가 경영하는 것이 이루어지리라"(잠 16:3).

사랑의 하나님은 우리의 생명을 영원히 의탁할 수 있는 가장 안전한 분입니다.

July. 5
전체 그림을 보세요

집을 살 때 무엇을 먼저 봐야 할까요? 화장실? 부엌? 마루? 창문?

가장 중요한 것은 먼저 집 전체를 본 후에 제대로 건축되었는지 내부 시설물을 살펴보는 것입니다.

대부분의 이단에서 나타나는 가장 큰 문제는 성경의 구절 몇 군데를 지나치게 강조하면서 그것으로 그들의 신학과 교리를 세우는 것입니다. 그들은 나무 때문에 숲을 놓칩니다.

성경을 볼 때 전체를 봐야 합니다. 그래야 성경을 오해하거나 잘못 해석하지 않습니다. 성경을 여기서 조금, 저기서 조금 보면 곡해하고 함정에 빠지게 됩니다. 창세기부터 계시록까지 성경 전체를 읽으십시오. 성경의 각 책을 전체적으로 공부하십시오. 그리고 어떤 구절이든지 문맥에 비추어 해석하십시오. 이렇게 성경을 큰 그림으로 배워야 그 속에 담긴 깊은 뜻을 더 잘 이해할 수 있습니다.

July. 6
사건과 과정

칭의(의롭다 하심)는 단 한 번의 사건입니다. 우리가 예수님을 구주와 주님으로 믿을 때 우리는 진노의 자녀에서 하나님의 자녀로 영적인 신분이 즉각 바뀝니다. 그것은 새로 태어나는 순간입니다. 만일 칭의가 오래 지속되는 과정이라면 그것을 얻기 위해서 평생 갈등해야 할 것입니다.

"… 우리가 믿음으로 의롭다 하심을 받았으니…"(롬 5:1).

반면 성화(거룩해짐)는 일회적인 사건이면서 동시에 일생 동안 계속되는 긴 과정입니다.

"… 예수 그리스도의 몸을 단번에 드리심으로 말미암아 우리가 거룩함을 얻었노라"(히 10:10).

우리는 주님을 더 닮기 위해서 항상 믿음의 선한 싸움을 해야 합니다. 매일 정결하게 또 성장하기 위해서 주의 말씀과 성령의 도우심을 받아 계속해서 믿음의 경주를 달려야 합니다.

성화는 일생이 걸린 과정이기도 합니다. 믿음으로 의롭다 하심을 받았습니까? 그러면 하나님이 위에서 부르신 부름의 상을 위하여 오늘도 푯대를 향하여 열심히 달립시다(빌 3:14).

July. 7
어떤 차이인가요

교회에 다니는 것과 예수님을 믿는 것은 다릅니다. 그렇지만 믿는 자는 반드시 교회에 다녀야 합니다.

종교인이 되는 것과 그리스도인이 되는 것은 다릅니다. 그리스도의 복음은 하나의 종교가 아닙니다.

성경을 공부하는 것과 성경을 믿는 것은 다릅니다. 그렇지만 믿는 자는 반드시 성경을 읽고 공부해야 합니다.

도덕적으로 선한 것과 참된 믿음을 가진 것은 다릅니다. 그렇지만 믿는 자라면 도덕적으로 선해야 합니다.

물로 세례를 받는 것과 성령으로 거듭나는 것은 다릅니다. 그렇지만 거듭난 사람은 반드시 세례를 받아야 합니다.

예수에 대해서 아는 것과 그를 인격적으로 아는 것은 다릅니다. 머릿속 지식만으로는 하나님의 나라에 들어갈 수 없습니다.

이 차이를 확실히 아시겠지요?

예수 그리스도에 대한 진실한 믿음으로 삽시다!

July. 8
하나님은 바쁘신가

작은 아들이 아주 어렸을 적에 내게 이런 질문을 했습니다.

"아빠, 하나님은 굉장히 바쁘실 거예요. 매일 엄청나게 많은 사람들이 하나님께 뭘 달라고 기도하잖아요. 그렇죠?"

우리는 수많은 것들을 위해서 기도합니다. 건강, 재물, 가족, 사업 성공, 일용할 양식 그리고 자질구레한 것들을 위해서도 기도합니다. 한 소년은 잠자리를 잡게 해달라고 기도하고 또 다른 아이는 시험 점수를 위해서 기도합니다. 그런데 하나님은 "나 좀 귀찮게 하지 마라! 내가 바쁜 걸 넌 모르니?"라고 말씀하지 않습니다.

"귀를 지으신 이가 듣지 아니하시랴? 눈을 만드신 자가 보지 아니하시랴?"(시 94:9).

하나님께 '시시한 기도'라는 것은 없습니다. 하나님은 우리의 모든 기도를 들으십니다. 물론 응답은 주의 뜻에 따라 되는 것이지요. 우리가 할 수 있고 또 해야 하는 것은 오늘도 쉬지 않고 기도하는 것입니다.

July. 9

써지지 않는 펜

집과 교회 서재에 있는 책상 위 컵에는 다양한 볼펜과 연필이 가득합니다. 어떤 것은 손에 잘 잡히고 편해서 자주 애용하는데 어떤 것은 잘 써지지 않습니다. 흔들고 두드리고 종이에 자꾸 써 보지만 잉크가 막혀서 나오지 않습니다. 볼펜을 분해해서 물로 닦은 다음에 다시 맞춰 보기도 했지만 헛일입니다. 멋진 것들이라 버리기는 아까운데 쓰지 못하는 것이 여러 개 있습니다.

마찬가지로 하나님께서도 쓰실 수 없는 사람들이 있습니다. 게으름, 분주함, 이기주의, 음란, 누추한 생각, 불경건한 행동 같은 것들이 하나님께 쓰임받는 것을 가로막고 있기 때문입니다.

"그러므로 누구든지 이런 것에서 자기를 깨끗하게 하면 귀히 쓰는 그릇이 되어 거룩하고 주인의 쓰심에 합당하며 모든 선한 일에 준비함이 되리라"(딤후 2:21).

우리의 생각과 행동이 성령과 하나님의 말씀으로 계속해서 깨끗하게 되도록 합시다. 우리는 주의 일에 쓰이는 정결한 도구가 되어야 합니다.

July. 10
최고의 가이드

최근 필리핀을 관광하던 한인 다섯 명이 몸값으로 약 2만 2,000달러를 지불하고 납치범으로부터 풀려났습니다. 경찰의 수사 내용을 보니 무면허로 관광팀을 가이드하던 한인 한 사람이 관광객의 돈을 갈취하려고 현지인들과 짜고 엉뚱한 납치극을 벌였답니다. 그는 관광팀을 속인 가짜 가이드였습니다.

우리를 인도할 가장 좋은 가이드는 누구입니까? 우리가 가는 목적지에 대해서 잘 알고 여러 상황에서 도와주어야 하고 또 너무 많은 비용을 요구하지 않는 정직한 사람이어야 합니다. 인생의 나그네 길을 바로 인도할 가이드는 누구입니까? 바로 예수님이 우리 삶에 최고의 가이드십니다. 주님은 우리를 돌보시고 바른 길로 인도하시며, 우리의 필요를 채워 주시고 결국 천국까지 인도해 주십니다. 누가 매일 당신의 삶을 인도하십니까? 믿을 만한 능력이 있어서 하나님의 나라까지 안전하게 인도할 분입니까?

마음과 뜻을 다해서 예수 그리스도만 신뢰하십시오. 그분만이 우리의 최고의 가이드요, 목자십니다.

July. 11

내려갑시다

베드로는 어느 날 높은 산에서 변화된 모습의 예수님을 보고 깜짝 놀랐습니다. 그는 예수님께 말했지요.

"주여, 우리가 여기 있는 것이 좋사오니…"(마 17:4).

주님과 더 가깝게 교제하는 것, 위대한 하나님의 사람들과 대면하는 것, 하늘나라의 환상과 영광을 본다는 것은 엄청난 행운입니다. 그렇다고 그 산 위에 머물러 있으면 안 됩니다. 우리는 갈등과 눈물과 아픔과 죄가 있는 깊은 골짜기로 내려가야 합니다. 하나님께서 우리를 부르신 것은 불신앙 가운데 사는 이들을 섬기라는 것입니다. 의사는 고통하는 환자를 고치고, 군인은 무서운 전쟁에 나서는 것처럼 성도는 세상에서 주를 섬기라고 세운 존재입니다. 세상 사람들은 구원의 복음과 참된 위로의 말과 영생에 대한 소망과 진정한 마음의 평안이 필요합니다.

우리가 아니면 누가 그들에게 좋은 소식을 전합니까? 낮은 곳으로 내려가는 것을 두려워하지 마십시오.

우리는 허무와 어둠에 있는 세상을 비추는 빛입니다.

July. 12
누구를 찾으실까요

미국 FBI는 지명 수배자에 대한 정보를 제공하는 이들에게 상금을 줍니다. 하나님도 그의 영광스러운 일을 위하여 일할 일꾼들을 찾고 계십니다. 그들이 하나님의 '최고 수배자'(The Most Wanted)입니다. 하나님은 어떤 사람을 찾으실까요?

기술과 재능은 별로 없지만 하나님께 깊이 헌신하는 사람.

탁월하게 뛰어나지는 못하지만 하나님을 위해서 죽도록 충성하는 사람.

드릴 것이라고는 자기 몸밖에 없지만 주를 위해서 희생하고자 하는 사람.

남들보다 빨리 달리지는 못하지만 푯대를 향하여 끈기 있게 달리는 사람.

훈련을 충분히 받아 잘 갖춰졌으면서도 겸손하고 사람을 아낄 줄 아는 사람.

하나님은 아직도 다윗처럼 주의 마음에 합한 사람들을 찾고 계십니다. 당신은 하나님이 절실하게 찾으시는 그런 사람 중에 하나입니까?

July. 13
오늘도 감사합니다

하나님, 이른 아침에 깨워 주시고 나의 영혼을 이슬처럼 맑게 하시니 오늘도 감사합니다.

고단하고 스트레스가 많은 날들이지만 매일 할 일을 주시니 오늘도 감사합니다.

항상 귀한 식탁을 허락하시고, 먹든지 마시든지 주께 영광이 되게 하시니 오늘도 감사합니다.

일을 마치고 돌아갈 가정이 있고 주께서 약속하신 영원한 집도 잊지 않게 하시니 오늘도 감사합니다.

주님은 나의 변함없는 목자시고, 어느 날 하나님 나라로 나를 인도하실 것이니 오늘도 감사합니다.

매일 모든 일에 감사합니다. 예수님만 나의 구세주요, 주님이십니다!

July. 14
작지만 필요한 부품

자동차의 아주 작은 부품 한 개가 고장 나서 어려움을 당한 경우가 있으시지요? 자동차 한 대에는 작은 나사못을 포함하여 약 3만 개의 부품이 들어간다고 합니다. 그 부품들은 모두 재료가 다르고 기능도 다르지만 모든 부품이 제자리에 있어야 차가 달릴 수 있습니다.

자신이 중요한 사람이 못 되고 유능하지 못해서 하나님께 쓰임 받지 못한다고 생각하는 이들이 있습니다. 사실 하나님은 아주 작은 것들을 그의 위대하고 큰일에 사용하셨습니다. 하나님은 모세의 손에 있는 낡은 지팡이로 홍해를 가르시고 바위에서 물이 나오게 하셨습니다. 예수님은 한 소년의 작은 도시락을 가지고 벌판에서 배고픈 무리를 배불리 먹이셨고 작은 겨자씨에서 커다란 나무를 키우셨습니다.

"너희는 그리스도의 몸이요 지체의 각 부분이라"(고전 12:27).

그렇기 때문에 스스로 자신은 가치가 없다거나 하나님의 집에서 중요하지 않다고 말하지 마십시오.

우리는 하나님의 구속의 역사를 위하여 중요하게 부름 받은, 꼭 필요한 존재입니다!

July. 15

그리스도의 군인

우리 대부분은 직장인, 학생, 아니면 가정주부입니다. 한편 예수님을 따르는 이들은 모두 그의 군인입니다. 예수님은 우리의 지휘관이고요.

"너는 그리스도 예수의 좋은 병사로 나와 함께 고난을 받으라"(딤후 2:3).

그리스도의 좋은 군인은 어떤 사람인가요? 명령받은 것은 무엇이든지 할 용기를 가진 사람이고, 지휘관의 명령에 일심으로 복종하고, 훈련을 잘 받은 사람이며, 주님과 함께 고생을 피하지 않고, 주님을 위해서 죽을 각오도 하고, 주님께 절대 충성하는 사람입니다.

당신은 좋은 군인입니까, 아니면 창피한 겁쟁이입니까?

주를 위해서 용감하고 잘 훈련된 좋은 군인이 되십시오!

July. 16
오르막과 내리막

하나님의 자녀는 항상 행복하고 모든 일에 형통할까요? 무얼 하든지 성공하고 탄탄대로를 갈까요?

우리 삶의 여정에는 오르막길도 있지만 내리막길도 있습니다. 언덕을 오르기는 힘들어도 내려가기는 쉽습니다. 올라갈 때보다 내려갈 때 사고가 더 많다는 것을 기억하십시오. 그럼에도 불구하고 우리가 하나님의 방법으로 하나님의 인도를 받고 있기만 하다면 우리는 올라가든지 내려가든지 안전하고 바른 길로 가는 겁니다.

'모든 것이 합력하여 선을 이룬다'(롬 8:28)고 하신 하나님 자녀들을 위한 약속을 잊지 마십시오.

그러므로 내리막길에 섰다고 해서 실망하지 마시고, 오르막길에 섰다고 해서 교만하지 마십시오.

July. 17

믿으면 안 됩니다

믿으면 안 된다니요? 무슨 말입니까? 어떤 사람은 모든 것을 의심의 눈초리로 봅니다. 아마 과거에 속은 적이 있었는지도 모르지요. 그런 사람은 믿음을 갖기가 아주 어렵습니다. 한편 어떤 사람은 무얼 믿으라고 하면 아무 생각 없이 너무나 쉽게 믿기도 합니다. 이런 사람은 누가 무얼 믿으라고 말하면 깊이 생각해 보지도 않고 덥석 받아들입니다. 그러다가는 이단의 진흙탕에 쉽게 빠지게 됩니다.

"오라. 우리가 서로 변론하자…"(사 1:18).

주님은 옳고 그른 것을 따져 보라고 말씀합니다. 복음의 진리, 예수님의 생애와 사역, 성경의 신빙성,

그 외에도 말씀의 가르침에 대해서 더 깊이 생각하고 알아보십시오. 그러면 더 깊은 믿음을 갖게 될 것입니다. 요즘 우리 주변에 이단과 속임수가 너무 많아서 자기도 모르게 끌려들어 갈 때가 있습니다. 어떤 주장이든 그것이 성경의 가르침에 비춰서 진실하고 바른 것인지 확인되기 전까지는 무조건 믿으면 안 됩니다.

July. 18
파수꾼이 해야 할 일

"내가 너를 이스라엘 족속의 파수꾼으로 세웠으니…"(겔 3:17).

하나님은 에스겔을 이스라엘의 파수꾼으로 세우시고 그에게 무기 대신 나팔을 주셨습니다. 또한 우리를 이 시대의 파수꾼으로 세우시고 말씀의 나팔을 주셨습니다.

파수꾼은 어떻게 살아야 합니까? 자기 자리를 굳건히 지켜야 합니다. 돌아다니지 말고 하나님께서 맡기신 그 일을 잘 감당하십시오. 눈을 크게 떠야 합니다. 세상에서 일어나는 일들을 주의 깊게 살피십시오. 특히 시대를 분별하는 영적인 눈이 예민해야 합니다. 귀가 활짝 열려 있어야 합니다. 특히 하나님의 세미한 목소리를 잘 들어야 합니다. 항상 나팔 불 준비를 하십시오. 이 나팔은 하나님의 말씀인 성경입니다. 말씀의 나팔이 녹슬지 않게 하십시오.

"그러나 칼이 임함을 파수꾼이 보고도 나팔을 불지 아니하여 백성에게 경고하지 아니하므로 그 중의 한 사람이 그 임하는 칼에 제거당하면 … 그 죄(피)는 내가 파수꾼의 손에서 찾으리라"(겔 33:6).

주를 위해 깨어 있는 믿음직한 파수꾼으로 삽시다!

July. 19
서로 다른 태도 중에서

손주들이 자라는 모습을 보는 건 나의 기쁨입니다. 세 살과 여섯 살, 두 아이 사이에 차이가 많습니다. 작은애는 종종 칭얼거립니다. 자기 장난감을 꼭 쥐고 놓지 않습니다. 남의 것을 달라고 할 때도 있습니다. 놀고 나서 뒷정리도 잘하지 못하고 엄마를 돕지도 못합니다. 큰아이는 그런 동생을 보면서 많이 참니다. 자기 장난감을 동생에게 나눠주고 양보합니다. 엄마도 잘 돕습니다. 작은아이를 보면서 갈등과 문제가 많았던 고린도 교회를 생각하게 되고, 큰아이를 보면서 협력하면서 첫 번째 선교사를 파송했던 안디옥 교회를 생각하게 됩니다.

우리의 영적 성숙함을 어떻게 알 수 있습니까? 두 아이의 서로 다른 태도를 깊이 생각하십시오.

현재 우리의 영적 상태는 어떠한가요? 주의 은혜 안에서 계속 성장해야 합니다.

July. 20
껍질만 남았네

교회 마당의 작은 연못에 거북이 두 마리가 있었습니다. 먹이도 잘 먹고 다른 붕어들과 행복하게 살았지요. 어느 날 한 거북이가 연못 밖에서 죽어 있었습니다. 그곳에 자주 나타나던 매가 공격한 것이 분명합니다. 며칠 후에는 또 다른 거북이도 뒤집어져서 죽었습니다. 너구리가 자주 눈에 띄더니 잡아먹은 것입니다. 한 달 동안에 두 마리의 거북이를 잃어버려서 마음이 무척 서운했습니다.

빈 거북의 등껍질을 보면서 우리의 신앙을 생각했습니다. 우리도 바리새인이나 서기관들처럼 겉만 깨끗하고 경건의 모양만 가진 것은 아닌가요? 남들에게 자신을 드러내기 위해서 선행을 하거나 섬기지는 않는지요?

그것은 속이 빈 거북 등껍질과 같은 신앙입니다. 그것은 하나님 생명이 없는 빈 종교일 뿐입니다.

성령으로 충만하도록 기도합시다. 성령으로 속사람이 강건해져야 합니다(엡 3:16).

July. 21

광야의 식탁

유학생의 신분으로 미국에 왔던 1983년에 처음으로 포트럭 파티(potluck party)를 하게 됐습니다. 친구들은 각자 집에서 김치, 국수, 샐러드, 국, 채소 등을 가져왔고 우리는 오랜만에 멋진 잔치를 벌였습니다.

하나님께서 이스라엘 백성을 위해 광야에서 식탁을 준비할 때 그들은 하나님께 가져올 것이 아무것도 없었습니다. 그날 식탁을 차린 분은 하나님 자신이셨습니다.

"하늘에서 만나를 비같이 풍성하게 내려 그들을 먹이시고, 하늘의 양식을 내려 주셨으니"(시 78:24).

그렇습니다. 그때 그들을 위해서 식탁을 준비하셨던 하나님은 오늘 우리를 위해서도 그렇게 하십니다. 풍성한 하나님은 자기 양 무리를 먹이는 선한 목자이십니다. 무얼 먹고 마시고 입을까 걱정하지 마십시오. 우리의 모든 필요를 채우시겠다고 하신 약속을 잊지 마십시오. 하나님은 오늘날처럼 풍요로운 때에도 자기 자녀들을 위하여 풍성한 식탁을 준비하십니다. 그래서 우리는 부족한 것이 없는 주의 백성입니다.

때를 따라 공급하시는 주님의 약속을 꼭 믿으십시오.

July. 22
지금 여기에

종종 외로움을 경험할 때 하나님이 나를 잊으신 것 같다는 느낌이 듭니다. 하나님이 너무 멀리 계셔서 나를 돌보지 않는 듯할 때도 있습니다. 그러나 우리와 항상 같이 계시겠다고 하신 주님의 약속을 절대 잊지 마십시오.

주님은 너무 바쁘셔서 우리와 함께 시간을 보내지 못하는 분이 아닙니다. 주님은 너무 거룩하셔서 우리와 함께 동행하지 못하는 분이 아닙니다. 주님은 너무 멀리 계셔서 우리 손이 미치지 못하는 그런 분도 아닙니다. 주님께 오르지 못할 너무 높은 산이란 없습니다. 주님께서 미치지 못할 너무 깊은 계곡도 없습니다. 주님께 건너지 못할 너무 넓은 강도 없습니다. 주님께는 너무 어두워 우리를 보지 못하는 일이 없습니다. 신실하신 주님의 약속을 다시 기억하십시오.

"내가 너희를 고아와 같이 버려두지 아니하고…"(요 14:18).

우리는 언제나 주님의 손이 닿는 곳에 있습니다. 우리는 언제나 주님의 사랑스런 돌보심 안에 있습니다.

주님은 지금 이곳에 나와 함께 계십니다. 어떤 상황에서도 절대 실망할 필요가 없습니다.

July. 23

무엇을 바라봅니까

우리가 걷는 삶의 길은 미끄럽습니다. 날은 점점 더 어두워집니다. 발걸음도 더욱 무거워집니다. 당신에게는 이 길을 끝까지 가도록 도울 자가 있습니까? 도움을 주시는 예수님을 바라보세요. 그는 우리를 돌보시는 큰 대제사장입니다.

"… 하나님께 나아가는 자들을 온전히 구원하실 수 있으니 이는 그가 항상 살아 계셔서 그들을 위하여 간구하심이라"(히 7:25).

무엇을 해야 할지, 어디로 가야 할지 모릅니까? 방향을 알게 하시는 예수님을 바라보세요. 주님은 우리가 무엇을 하고 어디로 가야 할지 아십니다.

"내가 네 갈 길을 가르쳐 보이고 너를 주목하여 훈계하리로다"(시 32:8).

요즘 많이 낙담하고 있습니까? 위로를 주시는 예수님을 바라보세요. 주님은 선한 목자요, 사랑하는 아버지입니다.

"… 내가 결코 너희를 버리지 아니하고 너희를 떠나지 아니하리라…"(히 13:5).

성공적인 삶을 위한 최고의 열쇠는 모든 상황에서 항상 예수님을 바라보는 것입니다.

July. 24
기도하지 마세요

기도하지 말라니 무슨 말입니까? 전혀 기도하지 말라는 말인가요? 아닙니다. 쉬지 않고 기도해야 합니다만 그 기도가 바뀌어야 합니다. 필립 브룩스의 지혜로운 말을 보십시오.

"편안하고 쉬운 삶을 위해서 기도하지 말고, 더 강한 사람이 되도록 기도하십시오. 내 힘에 맞는 일을 달라고 기도하지 말고, 그 일에 맞는 힘을 달라고 기도하십시오. 그러면 하는 일이 고달픈 것이 아니라 당신 자신이 기적이 될 것입니다."

매일 드리는 우리의 기도는 어떤가요? 우리는 좀 더 잘 살기 위해서 기도하고, 건강, 평안, 안전, 승진 등을 위해서 기도합니다. 이런 기도 자체가 잘못된 것은 아닙니다. 그러나 하나님이 듣기 원하시는 진정한 기도는 내 꿈과 계획을 성취해 달라는 기도가 아니라 기도를 통해서 하나님의 뜻과 생각이 이뤄져서 하나님께 영광을 돌리는 것입니다.

요즘 우리가 드리는 기도를 잘 살펴보십시오. 모두 자신만을 위한 기도는 아닙니까?

하나님이 영광을 받으시는 더 바람직한 기도를 드리기 바랍니다.

July. 25

믿는 자의 불신앙

한 아버지가 벙어리 귀신에 사로잡힌 아들을 예수님의 제자들에게 데려왔지만 제자들은 아이에게 아무것도 하지 못했습니다. 아이의 아버지가 예수님께 말했습니다. "그러나 무엇을 하실 수 있거든 우리를 불쌍히 여기사 도와 주옵소서!"(막 9:22).

예수께서 그에게 말씀하셨습니다. "할 수 있거든이 무슨 말이냐? 믿는 자에게는 능히 하지 못할 일이 없느니라…"(9:23).

그러자 아이의 아버지는 눈물을 머금고 외쳤습니다. "내가 믿나이다. 나의 믿음 없는 것을 도와 주소서…"(9:24).

이는 '불신자의 신앙'을 보여 준 장면입니다. 그런데 '믿는 자의 불신앙'에 대해서 생각해 보셨습니까? 우리는 종종 "아멘! 믿습니다!"를 크게 말하지요. 그러면서도 종종 실생활에서 하나님의 말씀을 믿지 못하고, "주님이 정말 나의 필요를 채워 주실까?" "병을 고쳐 주실까?" "내 길을 인도하실까?" 의심할 때가 있습니다. 믿는 자의 불신앙을 조심하십시오.

때때로 자신의 믿음을 확인하는 것이 좋습니다. 이제 '믿는 자의 신앙'을 가지십시오!

July. 26
인생 설명서는 읽었나요

얼마 전 이케아에서 작은 가구를 하나 샀습니다. 그것은 꽤 단순하고 편리해 보였습니다. 저는 설명서를 읽지도 않고 부리나케 그것을 조립하기 시작했습니다.

아이고, 조립을 마쳤는데 조각이 남은 걸 보니 뭐가 빠진 게 틀림없었습니다. 작은 아들이 전부 분해해서 설명서에 있는 그대로 처음부터 다시 조립해서 완성했습니다.

하나님이 주신 인생의 설명서인 성경을 읽고 믿으며 삶에 적용하지 않으면 우리는 결코 승리의 삶을 살 수 없겠다는 생각을 했습니다.

"모든 성경은 하나님의 감동으로 된 것으로 교훈과 책망과 바르게 함과 의로 교육하기에 유익하니"(딤후 3:16).

하나님의 말씀 없이는 하루도 지내지 마십시오. 성경이 항상 우리 곁에 열려 있게 하십시오. 그것이 우리의 인생을 인도하며 그 말씀이 우리의 삶을 은혜로 채워줍니다.

July. 27

중단하지 말고 계속

외국어는 계속 사용하지 않으면 쉽게 잊어버립니다. 악기도 계속 연습하지 않으면 연주법을 잊어버리지요.

캘리포니아 해안에 살고 있는 펠리컨을 보십시오. 공중 낙하로 고기를 잡는 데 선수입니다. 그러나 많은 펠리컨들이 어선 주변을 맴돌다가 생선 찌꺼기 등을 받아먹으면서 그들은 약하고 마르기 시작했습니다. 생선의 찌꺼기도 팔 수 있다는 것을 안 어부들은 더 이상 먹이를 주지도 않았습니다. 그래도 펠리컨들은 고기를 잡지 않고 가만히 앉아서 어선이 들어오기만 기다렸습니다. 먹을 것이라고는 아무것도 없었고 새들은 고기 잡는 법을 잊어버리고 말았습니다.

계속 전도하지 않으면 전도하는 걸 잊어버립니다. 계속 기도하고 섬기지 않으면 나중에는 잊어버리고 맙니다. 계속 전도하고 기도하고 섬기십시오. 그러면 절대로 잊어버리지 않습니다.

"부지런하여 게으르지 말고 열심을 품고 주를 섬기라"(롬 12:11).

중단하지 말고 계속하십시오. 주님이 다시 오시는 날까지!

July. 28
읽어야 산다

우리는 독서가 중요하다고 말하고는 합니다. 그런데 새벽부터 밤까지 너무 바빠서 책 읽을 시간이 없다고요? 그래도 책을 읽어야 남들에게 뒤떨어지지 않습니다. 교수가 학생들을 더 잘 가르치려면 책을 읽어야 합니다. 의사가 새로운 치료법을 배우려면 책을 읽어야 합니다. 과학자가 현대 기술을 따라 잡으려면 책을 읽어야 합니다. 디자이너가 새로운 디자인을 알려면 책을 찾아야 합니다. 변호사가 판례 등을 알기 위해서도 책을 읽어야 합니다.

"너희는 여호와의 책에서 찾아 읽어 보라. 이것들 가운데서 빠진 것이 하나도 없고 제 짝이 없는 것이 없으리니…"(사 34:16).

그리스도인은 영혼의 양식을 위해서, 하나님을 더 깊이 알기 위해서, 능력 있는 전도자가 되기 위해서 하나님의 말씀을 계속 읽어야 합니다. 더 힘 있는 전도자가 되기 원합니까? 더 효과적인 전도인이 되기 원합니까?

성경을 읽고 또 읽는 대로 순종합시다.

July. 29

세 가지 F

'세 가지 F(3F)'에 대해서 읽은 것을 나누고자 합니다.

우리가 받기만 하고 주지 않으면 비만(FAT)이 됩니다. 우리가 주기만 하고 받지 않으면 기절(FAINT)하게 됩니다. 그러나 주기도 하고 받기도 하면 건강(FIT)하게 되지요.

이는 신앙생활에도 마찬가지입니다. 우리가 듣고 배우기만 하고 다른 사람에게 나누고 심지 않으면 영적인 비만이 됩니다. 그러면 교만하고 비판적이고 행복하지 못합니다. 한편 항상 다른 사람을 가르치고 주기만 하고 자신이 배우고 받지 않으면 영적으로 기절할 정도로 약해집니다. 그러면 실망의 감정은 커지고 메마르고 행복하지 못합니다. 그렇지만 배우고 나누고 섬기기도 하면 영적으로 건강해집니다. 그러면 보람 있고 기쁘고 행복합니다.

당신은 지금 어떤 상태입니까? 몸과 영혼이 모두 건강하기를 바랍니다.

July. 30
긴 여정의 숙제

2012년 1월 13일 이탈리아의 호화 유람선인 코스타 콘코디아(Costa Concordia)호가 지중해 항해 중 암초와 충돌한 후 이탈리아의 서해안 같은 모래톱에 좌초되었습니다. 배에는 4,200여 명의 승객과 승무원이 타고 있었는데 이 중 승무원 세 명을 포함한 11명이 사망했습니다. 마치 타이타닉 사고를 다시 보는 것 같았습니다.

우리의 신앙도 주님을 든든히 붙잡지 않으면 파선할 수 있다는 사실을 아십니까?

"믿음과 착한 양심을 가지라. 어떤 이들은 이 양심을 버렸고 그 믿음에 관하여는 파선하였느니라"(딤전 1:19).

세상 곳곳에 죄의 암초가 가득합니다. 항상 선하고 깨끗한 양심을 간직하십시오. 유혹의 장애물과 충돌하여 신앙이 뒤집히지 않도록 늘 조심하십시오.

언제나 삶의 안전한 항로를 지키십시오. 신앙의 긴 여정에 늘 근신하고 깨어 있기 바랍니다.

July. 31

하나님의 건망증

가끔 자동차 열쇠, 휴대전화, 지갑, 안경을 어디에 두지 잊어버려서 잠시 당황할 때가 있습니다. 그걸 찾느라고 아까운 시간을 낭비하지요. 누구나 이런 경험이 있겠지요.

건망증에는 두 가지 이유가 있습니다. 첫째는 생각 없이 물건을 아무데나 두기 때문이고, 또 하나는 나이가 들어가기 때문이라고 합니다. '하나님의 건망증'에 대해서 생각하게 됩니다.

"또 그들의 죄와 그들의 불법을 내가 다시 기억하지 아니하리라 하셨으니"(히 10:17).

우리가 예수님을 진실로 믿고 영접했을 때 하나님은 우리의 모든 죄를 삭제하셨습니다. 우리의 죄와 불의를 더 이상 기억하지 않으시겠다고 약속하셨습니다.

놀랍고 감사한 일이 아닙니까? 하나님의 은혜로운 건망증 때문에 우리는 그의 평안과 기쁨을 누리게 됐습니다.

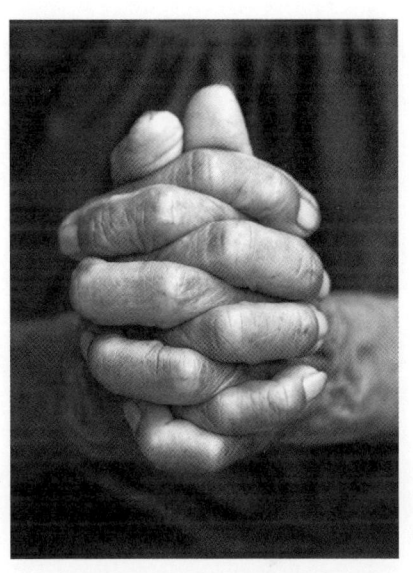

The Scent of Gospel

August

고난 당한 것이 내게 유익이라.
이로 말미암아 내가 주의 율례들을
배우게 되었나이다.
시 119:71

August. 1
누가 상을 받습니까

거의 극과 극의 차이가 나는 두 종류의 사람을 비교해 봅시다.

스타는 어떤 사람입니까? 스타는 인기가 많아 사람들의 박수를 받고 어딜 가나 좋은 대접을 받습니다. 세상에서 높아집니다. 사람들은 스타가 되려고 애씁니다.

그런데 종은 어떤가요? 종은 인기와는 거리가 멉니다. 사람들의 박수를 기대하지도 않습니다. 그는 좋은 대접을 받지 못합니다. 자신이 아니라 주인을 높입니다. 종이 되려는 사람은 많지 않습니다.

그런데 예수님은 화려한 스타가 아니라 그의 영광스러운 일터에서 일할 성실한 종을 찾고 계십니다. 성숙한 그리스도인은 스타를 꿈꾸지 않고 주님의 충성스런 일꾼이 되기를 꿈꿉니다.

스타는 이 세상에서 상급을 받지만 하나님의 종은 천국에서 더 좋은 상을 받습니다.

August. 2

믿음과 믿음이 아닌 것

믿음이 아닌 것은 무엇일까요? 희망은 믿음이 아닙니다. 자기 확신도 믿음이 아닙니다. 긍정적인 사고도 믿음이 아닙니다. 느낌도 믿음이 아닙니다. 그러면 믿음은 무엇입니까?

"믿음은 들음에서 나며 들음은 그리스도의 말씀으로 말미암았느니라"(롬 10:17).

믿음은 하나님의 말씀을 들음에서 납니다. 또한 믿음은 바라는 것들의 실상입니다(히 11:1).

믿음은 마음과 뜻을 다해서 예수님을 신뢰하는 것입니다. 믿음은 주님께 내 삶을 전적으로 맡기는 것입니다. 믿음은 주님께 내 마음과 삶을 여는 것입니다. 믿음은 항상 주님과 동행하는 것입니다. 믿음은 주님과 인격적인 관계를 맺는 것입니다. 이런 바른 믿음을 갖고 계시나요?

더 강하고 견고한 믿음을 가지시기 바랍니다.

August. 3
밤이 있는 이유

하나님께서 "빛이 있으라"고 말씀하시니 빛이 생겼습니다(창 1:3). 그와 동시에 밤과 어둠도 생겼습니다.

우리는 항상 밝은 낮을 원하지만 우리에게는 밤도 필요합니다. 아무것도 보이지 않는 깜깜한 밤이 왜 필요할까요? 밤이 와야 대부분의 생물이 쉴 수 있습니다. 밤에 나무는 더 깊이 자라고 견고해집니다. 잠을 못 자게 하는 고문이 가장 큰 고통입니다. 연구에 의하면 현대의 밝은 전등불 때문에 밤이 어둡지 않아서 매년 수백만 마리의 새들이 죽는다고 합니다. 밤에 이동하는 철새들은 높고 밝은 콘크리트 빌딩에 충돌하여 목숨을 잃습니다.

우리 삶에도 밤이 있습니다. 슬픔과 고통과 이별의 밤이 있습니다. 우리는 밤을 통과하면서 자신의 연약함을 깨닫고 눈물 흘리며 강하신 하나님을 바라보게 됩니다. 그리고 고난을 통해서 인격이 단련되고 성숙합니다. 그리스도인은 깔깔대는 웃음보다 고난의 눈물을 통해서 주님을 더 닮아갑니다. 밤과 어둠을 탓하지 마십시오.

어둠 가운데서도 빛으로 삽시다.

August. 4

영력이 있습니까

세상에는 여러 가지의 힘이 있습니다. 사람들은 힘을 얻으려고 늘 고군분투합니다.

우선 정권이 있습니다. 권력을 쟁취하려고 싸우고 뇌물을 주고 거짓말도 합니다. 재력도 있습니다. 돈이 있어야 큰소리를 칠 수 있기에 돈을 모으기 위해 죽을 고생을 합니다. 체력도 빠질 수 없습니다. 매일 운동하면서 좋은 음식과 보약을 먹습니다. 학력도 있습니다. 부모는 갖은 고생을 다 하면서도 자녀에게 최고의 교육을 시키려고 애씁니다.

그런데 그리스도인들은 다른 힘을 갖기 원합니다. 바로 영력입니다. 이것은 어떻게 얻을 수 있습니까?

"오직 여호와를 앙망하는 자는 새 힘을 얻으리니 독수리가 날개 치며 올라감 같을 것이요, 달음박질하여도 곤비하지 아니하겠고, 걸어가도 피곤하지 아니하리로다"(사 40:31).

하나님을 바라보십시오. 그를 신뢰하고 의지하십시오.

매일 그분이 주시는 새 영력을 얻어 사십시오.

August. 5

가장 위험한 거짓말

세상에는 온갖 거짓말이 있습니다.

정치인들만 아니라 우리 대부분은 종종 선의든 악의든 거짓말을 합니다. 가장 흔한 거짓말에는 어떤 것이 있는지 살펴볼까요? "내가 한 것이 아닌데요"(자기가 했으면서도). "전혀 변하지 않으셨네요"(많이 늙었는데도). "아기가 참 예쁩니다"(별로 예쁘지 않은데도). "다음 달부터 다이어트할 겁니다"(또 못할 텐데). "음식이 참 맛있었습니다"(별로 입에 맞지 않아도). "언제 점심 한번 합시다"(그게 언제 얘기입니까?). "옷이 잘 맞는군요"(그래야 손님이 사지요). 세상에는 그렇게 악의 없는 거짓말이 많습니다.

여기 가장 위험한 거짓말이 있습니다. 바로 마귀가 속삭이는 말입니다. "하나님은 없다. 염려 말아라!" "죽으면 모든 것이 끝이다. 신나게 살아라!" "천국과 지옥은 없다. 그러니 고민할 것 없다."

마귀는 거짓말의 아비입니다(요 8:44).

우리는 사랑 가운데 진실을 말합시다. 예수님 안에서 참된 삶이 아름답습니다.

August. 6

감사한 이유

나에게는 행복하고 감사한 이유들이 많습니다. 그 가운데 몇 가지를 소개합니다.

많아서 감사한 것들 읽을 책이 많아서, 부를 노래가 많아서, 배울 것이 많아서, 기도할 것이 많아서, 기도해 주는 이들이 많아서.

있어서 감사한 것들 식탁 위에 먹을 것이 있어서, 따뜻한 잠자리가 있어서, 매일 할 일이 있어서, 사랑하는 가족이 있어서, 섬기는 교회가 있어서, 일을 감당할 건강이 있어서, 죽음 후에도 소망이 있어서.

없어서 감사한 것들 대적할 원수가 없어서, 죽을병이 없어서, 마음에 분노가 없어서, 삶에 절망이 없어서, 영원한 저주가 없어서.

당신은 어떤가요? 감사함으로 행복한 매일이 되세요.

August. 7

속도를 줄이세요

동네의 좁은 길에는 과속을 막기 위한 과속방지턱이 여러 군데 있습니다. 주행 속도를 줄여야 하기 때문에 마음이 급한 운전자들에게는 거추장스러운 것이지요. 그렇지만 뒷길에는 아이들이 나와 놀거나 보행자들이 많기 때문에 과속방지턱은 꼭 필요합니다.

우리의 삶도 마찬가지입니다. 왜 이렇게 울퉁불퉁한 턱들이 있을까요? 그런 것이 없으면 더 빨리 달리고 더 빨리 성공할 수 있을 텐데…….

"고난 당한 것이 내게 유익이라. 이로 말미암아 내가 주의 율례들을 배우게 되었나이다"(시 119:71).

삶에서 고난이나 어려움의 장애물을 만나도 결코 불평하지 마십시오. 그건 모두 우리의 안전을 위한 것입니다.

"넘어졌으면 무엇인가 주워가지고 일어나라."는 말이 있습니다. 그것은 실패와 고난을 기회로 삼으라는 의미입니다. 우리 앞길에서 어떤 환난과 역경의 턱을 만날지 모릅니다. 주의 도우심으로 그것을 잘 피해 가거나 힘차게 극복하십시오.

August. 8

우리가 닮은 이유

며칠 전 아내와 함께 시내 서점에 들렀습니다. 우리를 본 서점 주인은 "두 분이 참 많이 닮으셨네요"라고 인사하더군요. 저는 빙그레 웃으면서 속으로 생각했습니다. '왜 우리 부부는 많이 닮았을까?' 이유는 분명했습니다. 늘 같은 문제로 웃고 고민하고, 늘 같은 음식을 함께 먹고, 늘 같은 주님을 함께 믿고 섬기고, 늘 한마음이기 때문이라고.

주님을 닮아가는 것도 이와 같지 않을까요? 예수님이 기뻐하시는 것을 나도 기뻐하고, 예수님이 싫어하시는 것을 나도 싫어하고, 예수님이 마음 아파하시는 것을 나도 아파하고, 예수님이 소망하신 것을 나도 소망하면 주님을 더 닮을 수 있을 것입니다.

주를 위하여 고난을 잘 견디면 그를 닮게 되고 주님을 늘 생각하며 살다 보면 그를 닮습니다.

August. 9

무엇을 잃어버렸나요

    2011년 12월 27일, 대만의 한 여학생이 17만 달러나 되는 바이올린을 필라델피아의 한 버스에 놓고 내렸습니다. 그것은 1835년 이탈리아에서 제작된 것으로 쉽게 구할 수 있는 것이 아니었습니다. 학생은 크게 당황하여 경찰에 도움을 청했습니다. 다행히 사흘 후 버스회사 직원이 발견해 악기를 돌려주었고 학생은 직원들을 위한 즉석 연주회를 가졌답니다.

    혹시 요즘에 잃어버린 것이 있습니까? 배우자와 부모와 친구에 대한 사랑을 잃었습니까? 에베소 교회처럼 주님에 대한 첫사랑을 잃었습니까? 아니면 교회에 대한 열정을 잃었습니까? 혹시 예수님을 잃어버린 것은 아닙니까?

    우리의 구원은 하나님 아버지 손에 있기 때문에 아무도 빼앗지 못합니다(요 10:28-29).

    잃어버린 것이 있거든 곧 회복하기 바랍니다. 주님과 교회와 영혼에 대한 사랑은 절대로 잃지 마십시오.

August. 10

평화의 대사

우리는 모두 마음이 평화를 누리며 살기 원합니다. 여기 예수님께서 알려 주시는 방법이 있습니다.

"… 우리가 믿음으로 의롭다 하심을 받았으니 우리 주 예수 그리스도로 말미암아 하나님과 화평을 누리자"(롬 5:1).

첫째, 하나님과의 평화를 누리십시오. 이것은 예수 그리스도를 나의 구세주로 믿고 마음에 영접함으로 얻을 수 있습니다. 즉 구원받을 때 주시는 하나님과의 평화입니다.

둘째, 내면적인 평화를 누리십시오. 이것은 예수께서 내 안에 오신 후에 마음의 불안과 죄책감에서 해방되면서 누리는 하나님의 평화입니다. 세상이 주는 것과 전혀 다릅니다(요 14:27).

셋째, 이웃과 평화를 누리십시오. 부모와 배우자와 친구와 동료들 사이에 용서와 화목함으로 누리는 평화입니다. 이제는 이 평화를 이웃과 세상에 전하십시오.

예수 그리스도의 복음만 이런 평화를 줍니다. 우리 스스로 평화의 대사가 됩시다.

August. 11

무엇을 전염시키겠습니까

  옆 사람이 하품하는 것을 보면서 하품을 참아 본 적이 있지요? 그렇지만 어쩔 수 없이 하품을 하게 됩니다. 하품에 대한 글을 읽거나 소리만 들어도 하품을 할 만큼 하품은 강력한 전염성이 있습니다.

  전염성이 강한 것들이 또 있습니다. 불평도 전염됩니다. 한 사람이 불평하기 시작하면 잠시 후에는 다른 사람도 같이 불평합니다. 광야에서 이스라엘 백성이 그랬습니다. 분노도 전염됩니다. 한두 사람이 분노해서 소리치기 시작하면 어느새 군중이 다 같이 분노의 소리를 냅니다. 곧이어 대규모 시위로 번지지요. 그런데 기쁨도 전염됩니다. 행복한 미소를 던져 보십시오. 틀림없이 미소가 돌아올 것입니다. 사랑도 전염됩니다. 사랑은 따뜻한 것이어서 그 온기가 주변을 따뜻하게 합니다. 믿음은 전염되어야 합니다. 나 혼자만 품고 있을 수 없는 것이지요.

  예수님은 사랑과 믿음과 기쁨을 전염시켰습니다.

  그것은 우리 모두를 살리는 '생명의 전염'입니다.

August. 12

어서 청구하세요

현재 캘리포니아에는 소유주가 나타나지 않은 미청구 재산이 61억 달러에 이릅니다. 1,760만 명의 개인과 단체의 재산이 주 정부에 남아 있는 것입니다. 재산 소유자가 자기 재산을 잊었거나, 이사한 후에 새 주소를 남기지 않았거나, 혹은 소유주가 사망한 후 자녀가 유산에 대해서 모르는 경우가 많습니다. 저도 몇 년 전 미청구 재산을 청구하여 수백 달러를 돌려받은 적이 있습니다.

"천국은 기도하지 않아서 내어 주지 않고 쌓아 둔 기도응답으로 가득하다"(빌리 그래함).

기도하면 받을 수 있는 수많은 기도응답이 천국 창고에 가득한 사실을 알고 있습니까? 주의 이름으로 진실하게 구하기만 하면 받을 수 있는 것들인데 요구하지 않기 때문에 하나님은 '미청구 응답'을 보관하고 계십니다.

무릎으로 간절히 구하여 응답의 기쁨을 더 많이 누리기 바랍니다.

August. 13

메시야를 놓친 사람들

    안식일을 준비하는 베들레헴 도성은 관광객이 넘쳐났고 너무나 분주하였습니다. 그곳에서 마리아가 출산할 작은 방마저 구하기가 쉽지 않았습니다. 더구나 그곳은 유대인들에게 배타적인 곳이었습니다.

    여관 주인은 하나님의 아들을 맞을 놀라운 기회를 놓쳤습니다. 그는 돈 버는 일에만 급급해서 마리아에게 문을 열지 않았습니다. 헤롯왕은 영광스런 왕 중의 왕을 맞을 엄청난 기회를 놓쳤습니다. 그는 자기만족과 교만에 빠져서 악한 행위를 저질렀습니다. 상인들은 명절 대목만을 기대하느라 구세주는 뒷전이었습니다. 바리새인과 서기관들은 영적으로 눈이 멀어서 메시야를 알아보지 못했습니다.

    그러나 목동과 동방 박사들은 예수님을 놓치지 않았습니다.

    온 마음을 열어 그분을 맞이하는 행복한 사람이 되어야겠습니다.

August. 14

말이 아닌 행동으로

우리는 신앙을 대개 말로 표현합니다. "나는 하나님을 믿습니다." "나는 이웃을 사랑합니다."

신앙생활을 제대로 측정하는 방법이 없을까요? 미국의 엘튼 트루블러드라는 신학자는 두 가지 책을 가지고 자신의 신앙생활을 평가합니다.

첫째는 시간 계획을 적은 일정표입니다. 당신은 무슨 일에 가장 많은 시간을 보냅니까? 대다수는 가정과 직장과 학교에서 가장 많은 시간을 보낼 것입니다. 그렇다면 그 가운데 하나님을 위해서 드린 시간은 얼마나 됩니까?

둘째는 금전 사용을 적은 가계부입니다. 당신은 무엇을 위해서 가장 많은 돈을 쓰십니까? 생활비, 교육비, 납부금 등에 가장 많이 쓸 것입니다. 그렇다면 하나님의 일을 위해 드린 것은 얼마나 됩니까?

'시간과 금전 사용'의 두 가지로써 자신의 신앙생활을 점검하는 것도 지혜로운 일입니다.

August. 15

거짓 소식에 속지 마세요

얼마 전 아는 친구에게서 다급한 이메일이 왔습니다. 직업 관련 훈련에 참가하기 위해 런던에 왔는데, 숙소에 무장강도가 침입해서 지갑과 휴대전화를 다 빼앗아 갔다는 겁니다. 예약된 귀국 비행기 시각이 얼마 남지 않아서 급하게 약간의 여비를 보내 달라는 부탁이었습니다. 그런데 느낌이 이상했던 저는 그 친구에게 직접 전화로 확인했습니다. 예상한 대로 누군가 타인의 이름과 주소를 가지고 그의 지인들에게 수많은 거짓 소식을 보낸 것입니다. 참으로 거짓이 들끓는 세상입니다.

여기 참으로 중요한 소식이 있습니다. 위험과 재난과 두려움이 많은 이 세상에 예수 그리스도께서 주시는 기쁨의 소식입니다. 그를 믿는 자는 멸망하지 않고 영생을 얻으며 세상이 줄 수 없는 기쁨을 얻을 수 있습니다. 세상의 각종 거짓 소식에 속지 마십시오.

다만 예수 그리스도의 복된 소식을 믿고 하나님이 주시는 복된 삶을 누리십시오.

August. 16

영혼 운동하세요

저는 매일 아침 한 시간 정도 가벼운 운동을 합니다. 가볍게 걷거나 무겁지 않은 역기를 들고 온몸 체조를 하는 정도입니다. 매일 운동하니 건강에 크게 도움이 됩니다. 걷기나 조깅 등의 규칙적인 운동이 밤잠을 더 잘 자게 하고 낮 시간에 덜 피곤하게 합니다. 미국 성인의 3분의 1 이상이 밤잠을 설치거나 낮 시간에 상쾌하게 깨어 있지 못한다고 합니다. 잠이 부족하면 우울증, 심장 질환 등의 문제가 생기지요. 그런데 저는 이 운동도 권하고 싶습니다. 마음과 영혼을 건강하게 하는 운동입니다.

"… 경건에 이르도록 네 자신을 연단(훈련, 운동)하라"(딤전 4:7).

계속해서 규칙적으로 성경을 읽고 기도하십시오. 계속해서 교회 안팎에서 봉사하고 섬기십시오. 계속해서 사람들을 주께로 인도하십시오.

건강한 몸에 건강한 정신이 있고, 건강한 영혼에 건강한 삶이 있습니다.

August. 17
온몸으로 누리려면

몸에 병이 생기면 수술, 약물, 음식, 운동 등으로 치료합니다. 그런데 마음에 병이 들면 어떻게 할까요? 그것은 사랑과 용서함으로 다스릴 수 있습니다.

여기 또 한 가지의 병이 있습니다. 몸도 건강하고 정신도 맑지만 영혼에 병든 사람들이 그것입니다. 영혼이 병든 사람에게는 불안, 허무감, 죽음에 대한 두려움, 하나님에 대한 무지 등 여러 증세가 나타납니다. 이 병은 그리스도의 보혈로만 고칠 수 있습니다. 예수의 복음을 통해서 죄를 용서받고, 죽음에 대한 두려움에서 해방되고 영원한 구원과 천국 소망을 찾을 때 치유됩니다.

"평강의 하나님이 친히 너희를 온전히 거룩하게 하시고 또 너희의 온 영과 혼과 몸이 우리 주 예수 그리스도께서 강림하실 때에… 흠 없게 보전되기를 원하노라"(살전 5:23).

몸과 마음과 영혼이 모두 건강하여 삶의 환희를 온몸으로 누리십시오.

August. 18

불이 꺼졌습니까

얼마 전 남가주 지역에 강풍이 불어 37만 가구의 전력 공급이 중단되었습니다. 전력이 끊기니 교통 신호등이 작동하지 않고 인근의 레스토랑과 마켓도 영업을 하지 못했습니다. 그러니 저녁 시간에 별로 할 것이 없었습니다. 텔레비전을 볼 수 없고 인터넷도 쓸 수 없고 식사 준비와 독서도 어렵고 샤워도 할 수 없었습니다. 전력이 잠시 끊겼을 뿐인데도 생활이 아주 불편했습니다.

당신은 험한 세상을 이길 힘이 있습니까? 세상 유혹에 대항할 충분한 힘이 있습니까? 마귀의 공격을 저지할 능력이 필요합니다. 어디서 그런 힘을 얻을 수 있을까요?

"십자가의 도가 멸망하는 자들에게는 미련한 것이요, 구원을 받는 우리에게는 하나님의 능력이라"(고전 1:18).

그리스도의 십자가에 그 힘이 있습니다.

"… 너희는 위로부터 능력으로 입혀질 때까지 이 성에 머물라…"(눅 24:49).

성령 안에 능력이 있습니다. 우리 주님이 우리의 능력이며(엡 6:10), 주님이 우리에게 넉넉한 힘을 주십니다(빌 4:13).

이 힘으로 폭풍의 시대를 이기며 사십시오.

August. 19
스스로 제한하는 자유

예수님을 믿으며 우리는 참된 자유를 얻었습니다. 이는 죄수가 감옥에서 풀려났다는 것이 아니라 갖가지 억눌림으로부터 자유롭게 됐다는 말입니다. 우리는 죄의식, 불안, 두려움, 방황하던 마음에서 쉼과 평안과 방향의식을 갖게 되었습니다. 그렇지만 우리의 자유가 다른 사람들에게 걸림돌이 되지 않게 해야 합니다. 고린도 교회의 일부 성도들의 먹고 마시는 자유가 신앙적으로 약한 이들에게는 걸림돌이 되었습니다.

사도 바울은 "너희의 자유가 믿음이 약한 자들에게 걸려 넘어지게 하는 것이 되지 않도록 조심하라"고 말했습니다(고전 8:9).

정상적인 그리스도인은 자신이 가진 자유를 주님의 복음을 위하여 스스로 제한합니다.

주를 믿는 우리는 먹든지 마시든지 무얼 하든지 하나님과 이웃을 생각하여 조심하고 경건하게 사는 성도가 되어야겠습니다.

August. 20

무엇을 바꾸어야 할까요

우리의 삶에서 이름은 매우 중요합니다. 이름으로 그가 어떤 사람인지 대략 알 수 있고 기업 명칭을 보고도 사업을 짐작합니다. 요즘 한국에서는 개명(改名) 바람이 많이 분다고 합니다. 전에는 부르기 어렵거나 이상해서 고쳤는데 요즘에는 경제적인 이유도 많아졌습니다. 삶의 실패와 사업 부진의 이유가 좋지 않은 이름 때문이라고 생각한 것입니다.

성경에도 이름이 바뀐 사람들이 여럿 있지요. 아브람은 아브라함으로, 사래는 사라로, 야곱은 이스라엘로, 사울은 바울로, 시몬은 베드로로 바뀌었습니다. 모두 하나님께서 바꿔 주신 이름들입니다. 우리도 전에는 죄인이었는데 예수님을 믿은 후에 성도가 되었습니다. 그리고 천국에서는 '새 이름'을 얻게 됩니다(계 2:17).

지금 어떤 이름을 가지고 살고 계십니까? 죄인이 아니라 성도의 이름에 합당한 모습으로 살아야겠습니다.

August. 21

우울증을 극복하려면

많은 이들이 우울증 때문에 힘들어 합니다. 우울증은 감정상태가 불안한 것이어서 슬픈 감정과 함께 다른 증상들을 동반하여 일상생활에 큰 지장을 주기도 합니다. 불안감, 체중감소 또는 증가, 집중력 감퇴, 심한 피로감, 무기력감, 죽음이나 자살 생각, 수면장애 등 부정적인 모습으로 나타나는 경우가 많습니다.

"내 영혼아, 네가 어찌하여 낙심하며 어찌하여 내 속에서 불안해 하는가?…"(시 42:5).

시편 기자도 실망과 불안의 우울증 증세를 가졌습니다. 시편 기자는 우울증 극복의 방법을 말해 줍니다.

"너는 하나님께 소망을 두라. 그가 나타나 도우심으로 말미암아 내가 여전히 찬송하리로다"(시 42:5).

자기 속을 바라보기보다 하나님께 소망을 두고, 그의 은혜를 생각하고 감사하며 찬송하고, 하나님의 도우심을 위해서 기도하십시오. 우울증으로 귀한 삶을 허비하지 마시고 오늘도 작은 것부터 감사하는 하루가 되십시오.

August. 22

하나님 사랑의 크기

하나님이 나를 얼마나 사랑하시는지 생각하다가 하나님의 사랑에 대한 말씀이 기억났습니다.

"… 그리스도의 사랑을 알고 그 너비와 길이와 높이와 깊이가 어떠함을 깨달아…"(엡 3:18-19).

주님의 사랑은 얼마나 넓을까요? 나 같은 죄인을 포함해서 세상의 모든 죄인을 다 품으실 정도로 넓습니다. 주님의 사랑은 얼마나 길까요? 가장 외로워하던 나를 포함해서 외로움과 실망으로 멀리 떨어져 있는 이들에게 그의 손이 닿을 정도로 깁니다. 주님의 사랑은 얼마나 깊을까요? 가장 교만하던 나를 포함해서 교만과 불신의 높은 곳에 있는 이들을 이끌어 내려오게 하실 정도로 높습니다. 주님의 사랑은 얼마나 깊을까요? 가장 낮은 곳에 있던 나를 포함해서 소망과 목적이 없는, 삶의 밑바닥에 있던 이들을 이끌어 올리실 정도로 깊습니다.

우리를 향한 하나님의 사랑을 무엇으로 계산하고 어떻게 말로 표현하겠습니까?

August. 23
많이 자랐습니다

전에 살던 집 앞뜰에 상록수 네 그루를 사다가 심었습니다. 키가 30센티미터 정도로 작은 것들인데 자주 물을 주고 주변을 정리하며 가꿨습니다. 그런데 4년 전 그 집을 떠난 후에는 나무들을 까맣게 잊고 지내다가 며칠 전 그 집을 다시 가 보게 되었습니다. 그 조그맣던 나무들이 내 키보다 훨씬 크게 자라 있었습니다. 잎이 푸르고 싱싱해서 보기에 좋았습니다. 나무들을 보면서 새삼 깨달은 것은 오늘 선한 것을 심어야 훗날 멋진 모습을 본다는 지극히 평범한 진리입니다.

"…사람이 무엇으로 심든지 그대로 거두리라"(갈 6:7).

육체를 위하여 심으면 썩은 것을 거두고, 성령을 위하여 심으면 영생을 거둡니다(갈 6:8).

미움과 시기를 심으면 갈등이 자라고 용서와 사랑을 심으면 평안이 자랍니다. 우리는 자신도 의식하지 못하는 사이에 무언가 심고 있지요. 앞날을 바라보며 오늘 좋은 씨를 심읍시다.

오늘은 무엇을 심으시겠습니까?

August. 24

무엇을 받으시겠습니까

요즘 마켓에는 각종 선물 세트가 쌓여 있습니다. 과일, 초콜릿, 쿠키, 소시지, 쨈, 사탕 같은 먹을 것만 아니라 장난감, 화장품 등 종류도 다양합니다. 이런 종합선물세트는 인기가 상당히 좋습니다. 이와 비교할 수 없을 정도로 고귀한 선물이 있습니다. 이것은 마켓에서 살 수 없는 값비싼 것들입니다.

"그 안에는 지혜와 지식의 모든 보화가 감추어져 있느니라" (골 2:3).

예수님 안에는 어떤 보화가 들어 있을까요? 영원한 구원, 하나님 자녀의 특권, 진리가 주는 자유, 환난 중에도 잃지 않는 기쁨, 사라지지 않는 위대한 소망, 슬픔의 어두운 밤에도 노래할 수 있는 힘이 그것입니다.

그리스도야말로 하나님께서 우리에게 주신 가장 아름답고 보배로운 선물입니다. 이제 먹고 마시고 즐기는 선물만 아니라 시련 중에도 기쁘게 하시며 우리 삶을 풍성하게 하시는 가장 위대한 선물이신 예수님을 더 많이 나누십시오.

August. 25

동굴입니까 터널입니까

　동굴은 컴컴하고 두려운 곳입니다. 깊이 들어갈수록 어둡고 답답해서 빠져나오기도 힘듭니다. 터널은 동굴과 다릅니다. 그곳도 어둡고 답답한 곳이지만 두렵지 않습니다. 반대편에 출구가 있기 때문입니다. 터널은 깊이 들어갈수록 출구에 더 가깝습니다. 소망이 없는 삶은 출구 없이 막힌 동굴과 같지만 소망을 가진 사람은 출구를 바라봅니다.

　예수님을 믿는 이들에게는 예수 재림의 소망, 죽음 너머의 천국에 대한 소망, 영생의 소망이 있습니다.

　"우리가 이 소망을 가지고 있는 것은 영혼의 닻 같아서…"(히 6:19).

　출구가 보이지 않으면 발밑의 것들이 우리를 괴롭히지만, 출구를 보며 달리는 사람은 현실을 잘 이길 수 있습니다.

　당신은 지금 꽉 막힌 동굴 속에서 방황하십니까? 아니면 저 앞의 소망의 출구를 보며 달리고 있습니까?

　예수님 안에서 소망을 잃지 마십시오.

August. 26

지혜로운 선택을 하려면

성공적인 인생은 바른 선택의 결과이고 실패하는 인생은 잘못된 선택의 결과입니다.

두 사람은 한 부모에게서 태어났습니다. 가인은 분노와 살인을 택하고, 아벨은 믿음과 순종을 택하여 믿음의 사람이 되었습니다. 두 사람은 쌍둥이였습니다. 에서는 죽 한 그릇을 택하여 장자권을 잃었고 야곱은 하나님의 약속을 택하여 믿는 자의 조상 중 한 사람이 되었습니다. 두 사람은 모두 왕이었습니다. 사울은 세상 권세를 택하여 망했고, 다윗은 하나님의 신실하심을 택하여 위대한 왕이 되었습니다. 두 사람은 모두 예수님을 배반했습니다. 가룟 유다는 자살을 택했고, 베드로는 가슴을 치는 회개를 택하여 주의 제자가 되었습니다. 두 사람은 모두 살인범이었습니다. 한 강도는 예수님을 욕하고 죽었고, 다른 강도는 예수님을 택하여 주님과 함께 낙원에 들어갔습니다.

모든 일에 예수님을 택하십시오. 당장은 어렵고 힘들 수도 있지만 승리로 인도하는 지혜로운 선택입니다.

August. 27

고난 속의 기회

"예수께서 즉시 제자들을 재촉하사 자기가 무리를 보내는 동안에 배 타고 앞서 건너편 벳새다로 가게 하시고"(막 6:45).

예수님께서 한 아이가 가져온 작은 빵 다섯 개와 물고기 두 마리로 많은 사람을 먹인 기적 직후에 일어난 사건입니다. 그들은 예수님의 말씀대로 바다로 나갔습니다. 그러다 바다 가운데서 폭풍을 만났습니다. 바람이 강하고 파도가 높아서 배가 위태로웠습니다. 제자들이 주님께 순종해서 나섰는데 왜 고난을 겪어야 합니까? 우리가 주의 뜻에 순종하고 사는 동안에도 고난을 받을 수 있습니다. 주님은 고난과 고통이 없다고 약속하시지 않았습니다. 그런 고난 가운데서 주님을 더 의지하는 법을 실질적으로 배우고 믿음이 성숙해지는 기회가 됩니다. 그러므로 뜻밖에 당하는 여러 어려움에 대해서 실망하거나 낙담할 것이 결코 아닙니다.

예수님이 "안심하라. 내니 두려워 말라"고 말씀하신 것처럼 주를 더 신뢰하고 결코 두려워하지 마십시오. 결국 주의 도우심으로 넉넉히 이길 것입니다. 고난은 주님을 닮아가는 지름길입니다.

August. 28

예수님의 손은 어떻게 생겼을까요

좁은 구유에 놓인 고운 아기의 손, 부모를 공경한 효심과 순종의 손, 아픈 자를 고치신 치료의 손, 죽은 자를 살리신 생명의 손, 어린아이들을 품으신 사랑의 손, 탕자를 안아 주신 용서의 손, 배고픈 자를 먹이신 풍요의 손, 슬픈 자에게 안수하신 위로의 손, 성난 바다를 잔잔케 하신 능력의 손, 성전을 정결케 하신 위엄의 손, 피 같은 땀을 흘리시며 기도하신 손, 십자가에 못 박히신 피 묻은 손, 온 세상을 심판하실 심판자의 손, 우리 위해 간직하신 못자국 난 손, 만물을 창조하신 하나님의 손, 만물을 붙들고 계신 전능자의 손.

아무도 우리를 빼앗을 수 없도록 든든히 붙잡고 계신 영원한 구원의 손이 예수님의 손입니다(요 10:28).

August. 29
정말로 부끄러운 것

사람들은 무엇을 부끄러워합니까? 오래된 자동차? 남보다 돈이 없는 것? 학력이나 키, 외모에 자신감이 없는 것? 그러나 이것들은 정말로 부끄러운 것이 아닙니다. 후에 경제력이 나아지면 더 나은 차를 사면 되고, 공부할 기회를 놓쳤으면 책과 경험을 통해서 더 깊은 삶의 지혜를 배우십시오.

드와이트 무디는 초등학교도 마치지 못했지만 주님의 능력으로 세계적으로 영향력을 끼친 위대한 전도자의 삶을 살았습니다. 유난히도 키가 작은 삭개오는 예수님을 만난 후에 넓은 가슴으로 자유로운 삶을 살았습니다. 창조주는 실패작을 만드신 적이 없습니다.

"내가 복음을 부끄러워하지 아니하노니…"(롬 1:16).

노여워 냄새나는 것과 나쁜 습관을 부끄러워하세요. 게으르고 거짓된 것을 부끄러워하고, 불신앙과 불순종을 부끄러워해야 합니다. 하나님이 우리의 아버지신데 뭐가 부끄럽습니까? 예수 그리스도의 복음을 부끄러워하지 말고, 겸손하되 당당한 하루를 사십시오!

August. 30

벌레 먹지 않으려면

캘리포니아 코스타 메사의 거리에서 한 여성이 몰던 차가 빨간 신호등 앞에 멈춰 섰습니다. 그때 20미터가 넘는 거대한 유칼립투스 가로수가 차를 덮쳤습니다. 차는 대파되고 운전하던 여성은 현장에서 사망했습니다. 바람이 강한 것도 아니었고 가지치기를 한 나무는 병이 들지도 않았습니다. 얼마 후 이유가 밝혀졌습니다. 벌레들이 나무뿌리를 갉아먹었다는 겁니다.

"네가 포도원을 심고 가꿀지라도 벌레가 먹으므로 포도를 따지 못하고 포도주를 마시지 못할 것이며"(신 28:39).

이스라엘 백성은 하나님을 불신하고 불순종하여 '죄의 벌레' 때문에 많은 환난을 겪어야 했습니다. 우리 삶의 뿌리를 갉아먹고 병들게 하는 여러 가지 벌레들이 있지는 않습니까? 염려, 불평, 불순종, 쓴 뿌리, 용서하지 못하는 것, 또 어떤 벌레들이 있습니까?

우리 삶을 병들게 하는 벌레들을 하나님의 말씀과 성령의 능력으로 속히 제거하십시오.

믿음으로 벌레들을 다 없애버리고 믿음의 뿌리가 더 깊어지도록 주님을 더 단단히 붙잡으십시오!

August. 31

무엇을 드시겠습니까

중국에서는 쓰레기장에 소를 풀어 놓아 소들이 쓰레기를 먹는다고 합니다. 각종 유독성 물질이 소의 체내에 들어가 독성이 쌓이고 그 고기를 먹는 사람에게도 심각한 해를 끼칩니다.

혹시 우리의 자녀들이 쓰레기 오물이 가득한 세상에 그대로 방치되어 있지는 않습니까? 인터넷과 스마트폰과 게임방에서 수많은 유해정보를 보며 마음과 영혼이 병들어가고 있지는 않은지 돌아봐야 합니다. 영적 쓰레기인 이단과 사이비 사상에 자신도 모르게 물들거나 휘둘리지 않도록 정신을 차려 분별해야 합니다.

"내 백성에게 거룩한 것과 속된 것의 구별을 가르치며 부정한 것과 정한 것을 분별하게 할 것이며"(겔 44:23).

매일 정결한 하나님의 말씀을 섭취하십시오. 그리고 자녀들에게도 선과 악을 구별할 수 있도록 하나님 말씀의 지혜를 가르칩시다.

The Scent of Gospel

9
September

내 눈을 열어서
주의 율법에서 놀라운 것을 보게 하소서.
시 119:18

September. 1
갈색에서 푸른색으로

최근에는 눈동자의 색깔도 바꿀 수 있게 되었습니다. 간단한 라식 수술로 현재 눈의 색소를 제거하고 새로운 색깔을 넣을 수 있게 된 것입니다. 앞으로는 얼굴의 모습은 동양인인데 푸른 눈동자를 가진 사람을 많이 보게 될지도 모르겠습니다. 물론 눈 색깔이 바뀐다고 해서 시각이 바뀌지는 않습니다. 그것은 마음이 변해야 바뀌지요.

"너희는 이 세대를 본받지 말고 오직 마음을 새롭게 함으로 변화를 받아… 하나님의 선하시고 기뻐하시고 온전하신 뜻이 무엇인지 분별하도록 하라"(롬 12:2).

우리의 악한 생각, 나쁜 습관, 거친 언어가 바뀌고 성령의 능력으로 마음이 늘 새로워져야겠습니다.

진정한 변화는 내면에서부터 시작되는 것입니다.

September. 2

들리시나요

현대인들은 모두 네트워크로 연결되어 있습니다. 스마트폰과 인터넷을 통한 연결이지요. 사람마다 손에 스마트폰을 들고 다닙니다. 잠시 불통이라도 되면 어쩔 줄 몰라 당황하기도 합니다.

그렇다면 하나님과는 늘 소통하고 있습니까? 성경은 하나님께서 우리에게 말씀하시는 책이고 기도는 우리가 하나님께 말하는 통로입니다.

"모든 기도와 간구를 하되 항상 성령 안에서 기도하고 이를 위하여 깨어 구하기를 항상 힘쓰며 여러 성도를 위하여 구하라"(엡 6:18).

하나님의 말씀은 우리에게 항상 열려 있습니다. 하나님께 우리의 마음도 늘 열려 있어야 합니다.

진정한 소통은 쌍방의 소통이지요. 오늘도 하나님과 연결된 하루가 되기를 바랍니다.

September. 3
몇 살입니까

어릴 적에는 빨리 나이 들기를 원했는데 어른이 된 후에는 젊어 보인다는 말이 듣기 좋습니다. 싫든 좋든 우리는 나이가 들어갑니다. 나이에는 네 종류의 연령이 있습니다.

첫째, 자연 연령이 있습니다. 태어나서 40년이 지났으면 40세가 되지요. 이것은 아무도 바꿀 수 없습니다.

둘째, 신체 연령이 있습니다. 나이는 60세인데도 30대의 건강을 가질 수 있고 젊어도 신체는 허약한 사람이 있습니다.

셋째, 정신 연령이 있습니다. 20세가 넘었는데도 정신박약인 사람이 있고, 어리지만 어른처럼 의젓한 사람도 있습니다.

넷째, 영적 연령이 있습니다. 예수님을 믿고 영접할 때 우리는 다시 태어납니다. 그때부터 영적 연령이 시작됩니다.

네 가지 연령이 고르게 성숙해야 진정으로 성숙한 사람이 됩니다. 특히 영적으로 성숙해야 단단한 음식을 먹고도 탈이 나지 않습니다(히 5:14). 온전한 성장과 영적 성숙을 위해서 노력합시다.

September. 4
밤에 따는 포도가 맛이 좋다

캘리포니아에서는 밤에 포도를 땁니다. 커다란 라이트로 포도밭을 밝히고 작업자들이 포도를 수확합니다.

어두운 밤에 포도를 수확하는 것은 최근 세계적으로 확산되고 있습니다. 포도를 왜 밤에 딸까요? 그것은 포도 맛이 더 좋고, 오히려 에너지 절약도 되고 작업자들도 일하기가 수월하기 때문입니다. 밤에 포도를 따면 당분 수준이 안정적이며 포도주를 만들려고 포도를 으깨기 전에 다시 차갑게 할 필요가 없습니다.

고난과 고통이라는 어둡고 추운 밤을 통해서 우리의 생각과 인격이 더 깊어지고 하나님께 더 가까이 나아가게 됩니다. 우리는 이것을 경험을 통해서 배웠습니다. 밝고 편안하고 넉넉한 낮 시간보다 어둡고 힘들고 눈물 흘리는 밤 시간에 더 많은 성령의 열매를 맺습니다.

지금 너무 힘든 시간을 보내고 있습니까? 그 시간을 허비하지 마십시오.

오히려 낙심과 절망을 넘어 인내와 소망의 열매를 맺는 소중한 기회로 삼으십시오.

September. 5

얼굴로 말하다

누가 지금 행복한지 슬픈지 어떻게 알 수 있을까요? 대개 그의 얼굴을 보면 짐작할 수 있습니다. 마음에 슬픔이 있고 당황할 때에는 그 얼굴이 어둡고 찡그려져 있습니다. 그렇지만 마음이 즐겁고 행복할 때에는 얼굴에 밝고 환한 미소가 있습니다.

오늘 당신의 얼굴은 어떻습니까? 어두운가요, 아니면 밝게 빛나고 있나요?

"내 영혼아, 네가 어찌하여 낙심하며 어찌하여 내 속에서 불안해 하는가? 너는 하나님께 소망을 두라. 나는 그가 나타나 도우심으로 말미암아 내 하나님을 여전히 찬송하리로다"(시 42:11).

하나님은 우리의 마음을 보시지만 사람들은 우리의 겉모습을 봅니다. 얼굴로도 주님을 드러낼 수 있습니다. 주님을 더 가까이 바라보고 행복한 미소가 그윽한 얼굴을 회복하십시오!

우리의 얼굴이 입보다 더 많은 말을 할 때가 많습니다.

September. 6
크레바스에 빠지지 않도록 조심하세요

크레바스(Crevasse)는 빙하나 눈 골짜기에 지각변동이 일어난 것, 또는 얼음이 녹아서 생긴 수십 미터의 균열이나 깊은 틈을 말합니다. 얼마 전 한국의 유명한 산악인 일행이 히말라야에서 실종되어 크레바스까지 수색을 했지만 안타깝게도 그들을 찾지 못했습니다.

영적인 삶에도 갖가지 크레바스가 있습니다. 음란, 중독증, 거짓 경건, 이단과 사이비, 도박과 마약의 유혹 등 많은 함정이 곳곳에 있어서 정신을 바짝 차리고 삶의 길을 가야 합니다.

"음녀의 입은 깊은 함정이라. 여호와의 노를 당한 자는 거기 빠지리라"(잠 22:14).

깨어 근신하며 삽시다!

사방에 숨어 있는 깊은 크레바스에 빠지지 않도록 매일 경건의 훈련을 게을리 하지 마십시오.

September. 7

숨지 마세요

조지 라이트라는 사람은 39년 전에 살인과 비행기 납치라는 범죄를 저지르고 도망자의 신분으로 몸을 숨기고 살다가 2011년 9월에 포르투갈에서 체포되었습니다. 그는 미국 경찰이 자기를 추적하는 일을 오래전에 포기한 줄로 생각했지만, 경찰이 자기 집 문을 두드릴 것 같아 늘 불안한 마음으로 살았다고 합니다. 경찰은 안테나를 높이 세우고 그를 끝까지 추적했고 이제 그는 법의 심판을 받게 되었습니다.

지금도 많은 사람이 도망자가 되어 하나님으로부터 숨어 삽니다. 하나님의 눈에서 안전하게 피해 숨었다고 생각하지만 그 마음속에는 불안과 두려움을 떨쳐버리지 못합니다.

"어떤 길은 사람이 보기에 바르나 필경은 사망의 길이니라. 웃을 때에도 마음에 슬픔이 있고 즐거움의 끝에도 근심이 있느니라"(잠 14:12-13).

회개하고 예수님을 믿음으로 하나님께 돌아와야 합니다. 더 이상 하나님을 피해 다니는 도망자가 되지 마십시오. 주 안에서 죄와 두려움으로부터 자유를 누리십시오.

September. 8
속단하지 맙시다

'책의 마지막 장을 읽기까지는 그 책을 성급하게 판단하지 말라'는 말이 있습니다. 그런데 우리는 책의 첫 한두 장을 보고 서둘러 내용을 판단하려고 합니다. 그처럼 하나님께서 우리 기도에 "No"라고 하시면 실망하거나 좌절할 때가 있습니다. 일이 어그러지고 검은 구름이 끼면 힘겨워하고 슬퍼합니다. 기도하지만 하나님께서 침묵하실 때 기도를 포기하고 싶어집니다.

그렇지만 기다리십시오! 아직 모든 것의 끝이 아닙니다. 하나님께서 우리 기도를 거절하시고 침묵하신, 그 뒤에 숨겨진 이유를 곧 알게 될 것입니다.

하나님께서 우리 기도에 "Yes"라고 하시면 기뻐하고 감사하십시오. 우리의 간구에 "No"라고 하셔도 믿음으로 기도하며 기다리십시오. 주님은 그를 사랑하는 우리의 모든 것을 합력하여 선을 이루시는 좋은 목자십니다.

September. 9

1 : 1,027

질라드 샤리트는 이스라엘의 군인입니다. 그는 팔레스타인의 하마스에 5년간 포로로 잡혀 있다가 2011년 10월 18일에 풀려났습니다. 이 한 사람은 팔레스타인 죄수 1,027명과 맞바꾼 것입니다. 그렇다면 예수님 한 분이 온 세상을 구할 수 있을까요? '1 : 1,027'이 아니라 '1 : 온 세상' 말입니다.

"한 사람의 범죄로 말미암아 사망이 그 한 사람을 통하여 왕 노릇 하였은즉 더욱 은혜와 의의 선물을 넘치게 받는 자들은 한 분 예수 그리스도를 통하여 생명 안에서 왕 노릇 하리로다" (롬 5:17).

예수님 한 분의 십자가의 죽으심과 부활로 온 세상이 죄의 포로에서 해방될 수 있었습니다. 단지 그리스도를 진실로 믿기만 하면(요 3:16) 지옥의 저주에서 참 자유를 얻을 수 있습니다. 하나님께서 우리를 1 : 1로 사랑하셔서 예수님을 보내 주신 사실은 놀랍고 감사할 따름입니다.

September. 10
바보 내비게이션

저는 교인들의 집을 찾아갈 때 내비게이션을 활용하고 있습니다. 그런데 이 기계는 가끔 길을 잘못 안내하는 경우도 있습니다. 일례로 영국의 한 트럭 운전자는 내비게이션을 무턱대고 믿고 잘못 가는 바람에 좁은 두 담벼락 사이에 끼이고 말았습니다. 그는 꼼짝 할 수 없어 구조팀이 오기까지 트럭 안에서 밤을 지냈다고 합니다.

우리에게는 처음 가는 인생길을 인도하는 완벽한 내비게이션이 있습니다. 하나님의 말씀인 성경입니다.

"이 율법책을 네 입에서 떠나지 말게 하며 주야로 그것을 묵상하여 그 안에 기록된 대로 다 지켜 행하라. 그리하면 네 길이 평탄하게 될 것이며, 네가 형통하리라"(수 1:8).

초행길에서는 내비게이션이 종종 필요합니다. 그러나 우리의 먼 인생 여정을 가는 데에는 가장 안전한 안내서인 하나님의 말씀이 항상 필요합니다.

September. 11

무엇을 찾고 싶으세요

영국의 테리 허버트라는 사람은 친구의 농장에서 분실한 연장을 찾으려고 금속탐지기를 사용했습니다. 그러다가 그는 농장에 1,300년 동안 묻혀 있던 앵글로 색슨 시대 왕실의 각종 보석을 발견했습니다. 그 일로 허버트 씨는 530만 달러의 보상금을 받았습니다.

저도 여러 해 전에 굉장히 귀한 보물을 찾아냈습니다. 바로 하나님의 말씀인 성경에서 찾은 것들입니다. 가장 귀한 영혼의 구원, 신기한 마음의 평안, 감사와 찬송, 삶의 의미와 목적, 참된 자유와 든든한 확신, 사라지지 않는 소망, 그리고 무엇보다도 구주 예수님을 발견한 것입니다.

"내 눈을 열어서 주의 율법에서 놀라운 것을 보게 하소서"(시 119:18).

땅에서 발견한 보물 때문에 받은 보상금은 시간이 지나면서 줄어들고 결국 없어지고 맙니다.

그렇지만 예수님 안에서 발견한 보물은 영원합니다. 언제까지 하나님의 말씀인 성경을 덮고 계시겠습니까? 오늘도 활짝 열어서 그 안에 가득한 보물을 찾으십시오.

September. 12

진정한 장수

유엔 조사에 따르면 2011년 10월에 태어난 아기로 인해 세계 인구는 70억 명을 채웠다고 합니다. 그 아기가 잘사는 선진국에서 태어났다면 100살 생일을 맞을 가능성이 높다고 합니다. 어떻게 하면 '100살 클럽' 회원이 될 수 있을까요? 절대적이지는 않지만 여자, 비흡연자, 부유한 사람, 날씬한 사람이 100살 클럽 회원의 가능성이 높습니다. 모든 사람들이 오래 살기를 원하지만 그보다는 보람되고 가치 있는 삶을 사는 것이 더 중요합니다.

"우리의 연수가 칠십이요 강건하면 팔십이라도 그 연수의 자랑은 수고와 슬픔뿐이요 신속히 가니 우리가 날아가나이다" (시 90:10).

가치 있고 의미 있는 삶을 살기 원하면 예수님을 통해서 하나님을 든든히 믿으십시오. 삶의 의미와 목적 없이 오래 살기만 하는 것은 축복이 아니라 저주나 힘겨운 짐이 됩니다.

우리의 구주요, 목자와 친구이신 예수님과 함께 오늘도 멋진 삶을 사십시오!

September. 13

화를 부르는 욕심

어느 신문에 대형 청꼬치(pike)가 큰 잉어를 통째로 삼키다가 그것이 목에 걸려 죽은 사진이 실렸습니다. 물고기는 너무 큰 먹이를 만나면 대개 포기하는데 이 청꼬치는 욕심을 부리다가 죽음에 이른 것입니다. 청꼬치의 무게는 5.5킬로그램, 잉어는 1.3킬로그램이었습니다. 욕심이 죽음을 불러온 것입니다.

다윗은 남의 아내를 탐내다가 큰 죄를 저질렀고, 아간은 전리품을 탐내다가 돌에 맞아 죽었고, 가룟 유다는 돈을 탐내다가 죽음을 불렀습니다. '월가 점령 시위'도 소수의 과욕에 대한 항거고, 노사분규도 결국은 욕심 때문에 발생합니다.

"세상의 염려와 재물의 유혹과 기타 욕심이 들어와 말씀을 막아 결실하지 못하게 되는 자요"(막 4:19).

성경을 읽거나 설교를 들을 때 마음에 욕심이 있으면 배우고 들어도 아무 유익이 되지 못합니다.

조금씩이라도 나의 것을 이웃과 더 나누십시오. 시간과 재능과 재물을 나누기 시작할 때 욕심을 이기고 오히려 넉넉한 삶이 됩니다.

September. 14
짜지 않은 물고기

바닷물에는 염분이 약 3.5% 함유되어 있습니다. 그런데 왜 생선회는 짠 맛을 내지 않을까요? 항상 짠물을 마시고 사는데 말입니다. 물고기의 아가미 구조는 삼투압 조절을 통해 짠물이 스며들지 못하게 하며 적당량의 염분을 유지합니다. 그렇지만 죽은 물고기를 바닷물에 넣으면 곧 짜집니다. 염분의 침투를 막을 힘이 없기 때문입니다.

구원받아 예수님의 생명을 가진 사람은 죄가 가득한 세상에 살지만 구별되게 살 수 있습니다.

"…여호와께서… 구별하는 줄 너희가 알리라…"(출 11:7).

그러나 영적으로 죽은 사람은 세상 풍조와 죄에 휩쓸려 동화되어 삽니다.

예수님의 생명을 갖고 계신가요?

산 물고기로 사시겠습니까? 죽은 물고기로 사시겠습니까?

September. 15
무엇을 더하시겠습니까

어느 글을 읽다가 '어렵다'는 단어는 상대적이라는 생각을 했습니다. 어렵다는 말은 내 힘을 의지하는 것이어서 힘이 많아지면 어려움은 감소하고 쉬워집니다. 힘이 적은 아이가 끙끙거리며 옮기는 물건을 힘이 센 아빠가 도와주면 가볍게 옮기는 것처럼 말이지요. '아이 플러스 아빠'가 되면 이길 수 있습니다.

어부 베드로가 '베드로 플러스 하나님'이 되니 복음의 강력한 전도자가 되었습니다. 소심한 기드온이 '기드온 플러스 하나님'이 되니 무수한 미디안 족속을 이기는 용사가 되었습니다. 당신과 나는 약하고 부족하지만 거기에 '나 플러스 하나님'이 되면 주를 위하여 큰일을 할 수 있습니다.

"하나님이 능히 모든 은혜를 너희에게 넘치게 하시나니 이는 너희로 모든 일에 항상 모든 것이 넉넉하여 모든 착한 일을 넘치게 하게 하려 하심이라"(고후 9:8).

'나 플러스 하나님'의 인생을 사십시오.

일이나 공부나 사역에도 '플러스 하나님'을 기억하십시오. 이것이 세상을 이기는 비결입니다.

September. 16
이름이 없습니까

애틀랜타 공항 보안대를 통과하는 사이에 탑승권이 없어졌습니다. 가방과 여기저기를 다 찾아봐도 없었습니다. 어떤 승객이 실수로 내 탑승권을 바꿔 갔던 것입니다. 그런 일이 처음이어서 잠시 당황했지만 다행히 탑승구에서 다시 받을 수 있었습니다. 내 이름이 탑승자 명단에 그대로 있어서 항공사 직원이 탑승권을 즉시 인쇄해 주었습니다.

혹시 구원의 기쁨과 영생의 확신을 잃었습니까? 영원한 저주가 없다는 사실을 잊었습니까? 염려하지 마세요! 주님을 진실로 믿고 마음에 영접했다면 우리의 이름이 하나님의 생명책에 기록되어 있습니다.

"…내가 그 이름을 생명책에서 결코 지우지 아니하고…"(계 3:5).

다윗이 범죄하여 구원의 기쁨을 잃었었지만 애통하고 회개하여 다시 회복한 것처럼 잃어버린 것을 회복하도록 주님께 간구하세요!

주를 믿는 자의 이름은 생명책에 그대로 있습니다. 다시 주님과 행복한 동행을 하십시오!

September. 17

기쁨이 다 나갔습니다

교회 성가대 지휘자가 서점에 들러 〈주님의 기쁨〉이라는 악보를 찾았습니다. 서점 직원에게 그 악보가 있는지 물었더니 점원이 서고 쪽을 향해서 큰 소리로 말했습니다.

"〈주님의 기쁨〉이 있는지 알아봐 주세요!"

잠시 후 서고 쪽에서 대답이 들려왔습니다.

"〈기쁨〉은 다 나가서 남은 게 없습니다."

요즘 마음에 기쁨이 있으십니까? 어디론가 사라져 버리지는 않았습니까?

"그의 노염은 잠깐이요 그 은총은 평생이로다. 저녁에는 울음이 깃들일지라도 아침에는 기쁨이 오리로다"(시 30:5).

주님 안에 있는 기쁨은 아무도 빼앗지 못합니다. 오늘도 주의 은혜를 사모하십시오.

흐르던 눈물 대신 행복과 기쁨을 주실 것입니다.

September. 18
비관적인가, 낙관적인가

어떤 기자가 빌리 그래함 목사님에게 물었습니다. "목사님은 인생을 어떻게 생각하십니까? 비관적이신가요, 아니면 낙관적이신가요?" 목사님이 대답했습니다. "우리의 현실은 대부분 비관적이지만, 궁극적으로 나는 낙관적입니다."

우리는 무슨 일을 한번에 판단하는 경향이 있습니다. 미래를 내다볼 수 있는 눈이 없기 때문에 당면한 현실에 쉽게 실망하고 크게 흥분합니다. 세상의 시작과 운행과 결말은 우연의 연속이 아닙니다. 창조주 하나님이 눈동자처럼 다스리십니다. 실망하고 의심하고 불안해질 때마다 하나님의 놀라운 약속을 다시 떠올리십시오.

"하나님을 사랑하는 자 곧 그 뜻대로 부르심을 입은 자들에게는 모든 것이 합력하여 선을 이루느니라"(롬 8:28).

하나님의 자녀들에게 인생은 '궁극적으로 낙관적'일 수밖에 없습니다. 지금 어떤 상황에 처해 있든지 하나님을 사랑하고 그 뜻 가운데 사십시오. 그러면 모든 것이 선을 이룰 것입니다.

September. 19

작고 약한 것의 기적

크신 하나님은 위대한 일을 위하여 종종 아주 작고 약한 것들을 사용하십니다. 하나님은 모세의 손에 든 지팡이 한 개로 거대한 애굽 군대를 이겼습니다. 통치자 삼갈의 소모도 막대기 하나로 블레셋 군대를 물리쳤습니다. 기드온과 300명의 적은 군사를 통해서 엄청난 미디안 군대를 몰아냈습니다. 삼손의 나귀 턱뼈 한 개로 하나님은 대규모의 블레셋을 무찔렀습니다. 소년 다윗의 작은 돌멩이 한 개로 하나님은 거인 골리앗을 쓰러뜨렸습니다. 갈릴리의 무식한 어부 몇몇을 통해서 하나님은 세계 복음화를 시작하셨습니다. 아이의 작은 떡 다섯 개와 물고기 두 마리로 하나님은 배고픈 군중을 충분히 먹이셨습니다.

이런 일들은 사람이 한 것이 아니라 하나님의 기가 막힌 전략 아래 이뤄진 것이었습니다. 지극히 평범한 자도 하나님은 비범하게 쓰십니다.

스스로 작고 약하다고 생각하십니까?

자신의 삶을 전적으로 하나님께 맡기십시오. 우리를 통하여 놀라운 일들이 벌어질 것입니다.

September. 20

시식은 공짜입니다

대형 마켓에 가면 시식 코너가 있습니다. 우선 맛을 보게 해서 고객들이 상품을 구입하게 하려는 전략이지요. 쇼핑하다가 시식 코너에서 간단한 요기를 할 수도 있습니다.

하나님의 백성은 이 땅에서도 '천국의 맛'을 볼 수 있습니다. 가정에 기쁨이 가득한 것, 마음에 감사가 가득한 것, 얼굴에 미소가 가득한 것, 고난 중에도 낙심하지 않는 것, 슬픔 중에도 평안을 잃지 않는 것, 죽음 앞에도 소망을 잃지 않는 것.

"너희는 여호와의 선하심을 맛보아 알지어다. 그에게 피하는 자는 복이 있도다."(시 34:8).

세상에서도 천국의 맛을 예수 그리스도 안에서 미리 맛보십시오.

September. 21
비문에 새기고 싶은 것

운전 중에 루스 그래함의 비문을 읽으며 작은 감동을 받았습니다. 위대한 전도자 빌리 그래함의 부인인 루스는 중국에서 태어났습니다. 선교사였던 부모님 때문에 그녀는 평양에서 고등학교를 다니기도 했습니다. 평생 부모와 남편을 도와 주를 섬기던 그녀는 난 캐롤라이나 샬롯의 빌리 그래함 도서관 옆 십자가 모형이 있는 곳 아래에 묻혔습니다. 작은 묘비에는 이런 글이 적혀 있었습니다.

"공사 끝. 참아 주셔서 감사합니다."(End of Construction, Thank you for your Patience.)

우리는 하나님 앞에서 완전하지 못합니다. 우리 모두는 아직도 '공사 중'입니다. 어느 날 모든 공사가 끝나고 우리는 주님을 만나게 될 것입니다.

공사 끝날까지 믿음과 소망을 가지고 우리의 여정을 계속합시다!

September. 22
맑은 물이 부족합니까

〈내셔널 지오그래픽〉지에 따르면 이 푸른 지구는 결코 물이 부족하지 않습니다. 다만 맑은 물이 부족한 것입니다. 지구상에 있는 물의 97.5퍼센트가 소금물이고 그중 약 1퍼센트가 약간의 소금기가 있는 지하수입니다. 단 2.5퍼센트만 맑은 물인데 그중 3분의 2는 얼어 있고 그 나머지가 지구 표면의 액체와 지하수입니다. 물은 생명입니다. 물이 없으면 어떤 생명체도 살아갈 수 없습니다.

세상에는 수없이 많은 종교와 믿음이 있습니다. 그중에 생명을 주는 복음은 어디서 찾을 수 있습니까? 종교 중의 하나로 기독교를 말하는 것이 아닙니다.

"…누구든지 목마르거든 내게로 와서 마시라"(요 7:37).

예수님은 기독교라는 종교의 창시자가 아닙니다. 예수님은 영원한 생명을 주시는 유일한 하나님이십니다.

오직 주님만 우리 영혼의 목마름을 채우실 수 있습니다. 오늘도 주님의 생수를 마시고 새 힘을 얻으십시오!

September. 23

쌓아 두지 마세요

대도시에서는 쓰레기 문제가 심각합니다. 다양한 곳에서 매일 나오는 쓰레기가 산처럼 쌓입니다. 쓰레기 종류도 다양합니다. 부엌에서는 음식 찌꺼기가 쓰레기고, 컴퓨터에는 원치 않는 파일이 쓰레기고, 예술 분야에서도 쓰레기 취급을 받는 것이 많습니다.

영적인 생활에도 쓰레기가 있습니다. 이단과 사이비 기독교가 일종의 쓰레기입니다. 음란한 영화와 잡지와 광고도 쓰레기입니다. 얼마나 자주 마음의 쓰레기를 치웁니까? 혹시 마음 구석에 쓰레기가 쌓여 있지는 않나요?

"너희는 스스로 깨끗하게 하여 거룩할지어다…"(레 20:7).

쓰레기가 쌓이면 나중엔 처리하기가 어려워집니다. 쓰레기통을 깨끗이 비우고 느끼는 상쾌함을 떠올려 보십시오. 하나님의 말씀으로 매일 영혼을 정결하게 하는 것이 중요합니다.

September. 24
우리가 죽겠나이다

우리는 조금만 힘이 들거나 고통스러워도 "힘들어 죽겠네, 피곤해 죽겠네"라고 특정합니다.

제자들이 예수님과 함께 호수를 건너고 있었는데 갑자기 높은 파도가 일어나서 배가 흔들렸습니다. 물이 배에 들어오자 제자들은 당황했습니다.

"주여, 구원하소서. 우리가 죽겠나이다"(마 8:25).

예수님이 그들에게 뭐라고 말씀하셨습니까?

"어찌하여 무서워하느냐? 믿음이 작은 자들아!"(8:26).

주님과 같이 가는 길인데 죽겠습니까? 이것은 그들의 믿음 없음을 드러낸 것입니다. 혹시 요즘에도 종종 죽겠다는 말을 하십니까? 사업이 힘들어서, 애들 교육이 어려워서, 또 무엇무엇 때문에 죽겠다고 말하는가요? 이제부터는 죽겠다는 말을 입에 담지 마십시오.

아무리 힘들어도 "주님, 도와주세요"라고 외치세요. 높은 파도를 잔잔케 하시는 주님이 함께 계십니다.

September. 25

나를 기르시는 분

　야곱의 이름은 '사기꾼, 거짓말쟁이'라는 뜻입니다. 태어나면서부터 그의 인생은 거칠었습니다. 형과 아버지를 속여서 장자권을 가로챘으며, 사랑하는 여자 문제로 외삼촌과 갈등했고, 자기 수완과 꾀를 믿고 살았습니다. 그런 그가 하나님을 대면한 후 변했습니다. 거짓말쟁이에서 '하나님과 씨름한 자'가 되었습니다. 그는 오랜 시간을 통해 자기 힘만으로는 안 된다는 것을 아주 어렵게 배웠습니다. 그래서 스스로 험악한 인생을 살았다고 말했고, "나의 출생으로부터 지금까지 나를 기르신 하나님"(창 48:15)이라는 믿음의 고백을 하고 죽었습니다.

　내 권한과 힘과 지혜를 하나님께 드리십시오. 그리고 주님이 나를 기르시는 목자이신 것을 매 순간 고백하십시오.

　우리의 시작은 약하고 보잘것없어도 우리의 마지막은 위대할 수 있습니다.

September. 26

자세히, 오래 볼 것

운전할 때에는 좌우의 풍경을 힐끗 쳐다봅니다. 가능하면 다른 쪽으로 고개를 돌리지 않습니다. 그렇지만 다른 사람이 운전하는 차에 타면 이곳저곳을 여유 있게 볼 수 있지요. 그러면 늘 보던 것도 처음 보듯 새로울 때가 있습니다.

"땅 끝의 모든 백성아, 나를 앙망하라. 그리하면 구원을 얻으리라. 나는 하나님이라. 다른 이가 없음이니라"(사 45:22, 개역한글).

성경에서 '주를 앙망하라, 주를 바라보라'는 말은 주 예수님을 힐끗 보라는 뜻이 아니라, 마음을 다해서 자세히 바라보라는 뜻입니다. 광야에서 이스라엘 백성이 불뱀에 물렸을 때 장대에 단 구리뱀을 바라보면 산다고 말씀하셨는데, 이때도 역시 힐끗이 아니라 똑바로 보라는 말입니다.

너새니얼 호손의 단편 〈큰바위 얼굴〉에서는 소년 어니스트가 큰바위 얼굴을 늘 보고 자랍니다. 어니스트는 주의 깊게 보았고 결국 큰바위 얼굴과 닮아가게 되었습니다. 오늘도 주님을 지나치듯 보지 마시고 사모하는 마음으로 바라보십시오.

거기서 도움이 옵니다. 주를 더욱 닮게 됩니다.

September. 27
모두 고백하세요

신앙생활에는 두 가지 방식이 있습니다. 율법적인 생활과 은혜의 생활입니다.

율법은 힘겹게 지킬 것이 많은데, 은혜는 감사함으로 값없이 받습니다. 율법은 긴장하고 수고하게 하지만, 은혜는 안심하고 쉬게 합니다. 율법에서는 선행을 강요당하지만, 은혜는 자원하는 마음을 줍니다. 율법을 어기면 여지없이 벌을 받지만, 은혜는 범죄하더라도 자백하면 용서됩니다. 율법은 우리를 주눅 들게 하지만, 은혜는 우리를 자유롭게 합니다. 율법은 내가 실천해야 하지만, 은혜는 주님이 이미 다 해 주셨습니다. 율법은 죽음에 대한 두려움을 주지만, 은혜는 영원에 대한 소망을 줍니다.

어느 쪽을 선택할 것인지는 당신이 무엇을 원하고 바라느냐에 달렸습니다. 주의 은혜를 더 사모하며 사십시오.

"…마음은 은혜로써 굳게 함이 아름답고…"(히 13:9).

September. 28
영혼의 정비사

아는 분 중에 실력 좋은 정비사가 있습니다. 경험도 많고 기술도 좋습니다. 그 정비소에 들어오는 차들을 보면 찌그러진 곳은 말짱하게 펴지고, 칠이 벗겨진 곳은 다시 칠을 하여 완전히 새 차로 변신합니다. 정비사의 기술이 놀랍습니다.

예수님은 우리 영혼을 고치는 정비사십니다. 주님은 우리 삶을 수리하실 뿐 아니라 완전히 새것으로 바꾸십니다. 죄인을 거룩한 성도로, 깨진 마음을 행복한 마음으로, 가슴앓이와 한숨을 찬송과 감사로, 망가진 인생을 빛나는 인생으로 바꾸십니다.

누구나 그리스도 안에 있으면 영원히 새로운 피조물이 됩니다.

우리를 날마다 새롭게 하시는 주님께 오늘도 온전히 맡기고 사십시오.

September. 29
기적의 화장술

아름다움을 쫓는 열망에 따라 화장술도 크게 발전했습니다. 약간의 화장으로 작은 눈이 커지고, 낮은 코도 높아 보이고, 얼굴의 점도 안 보입니다. 성형수술을 한 것도 아닌데 완전히 다른 얼굴이 되는 화장을 '기적의 화장술'이라고 부르기도 하더군요.

우리의 삶에도 화장이 있습니다. 없으면서도 있는 것처럼, 모르면서도 아는 것처럼, 마음을 숨기고 겉으로만 멋지게 꾸미는 것입니다.

예수님이 바리새인들을 심하게 질책하신 까닭이 무엇입니까? 그들이 율법을 너무 철저하게 지켰기 때문이 아닙니다. 속사랑은 그대로인데 겉으로만 꾸미는 그들의 위선과 영적인 화장술을 책망하신 겁니다.

"너희 단장은… 외모로 하지 말고 오직 마음에 숨은 사람을 온유하고 안정한 심령의 썩지 아니할 것으로 하라…"(벧전 3:3-4).

경건의 모양만 아니라 경건의 능력을 소유한 진정한 의미의 아름다움을 가집시다.

September. 30
어리석은 흥정

재물이 많은 청년이 예수께 영생을 얻으려면 무엇을 해야 하는지 물었습니다.

"…가서 네게 있는 것을 다 팔아 가난한 자들에게 주라. 그리하면 하늘에서 보화가 네게 있으리라. 그리고 와서 나를 따르라"(막 10:21).

한 부자 청년의 어리석은 흥정을 봅시다. 일찍 출세해서 권력과 돈은 얻었지만 마음이 공허했습니다. 예수님은 찾아온 청년을 깊이 실망시키셨습니다. 재산을 포기하고 와야 영생을 얻을 수 있다고 했습니다. 그는 깊은 고민 끝에 그냥 돌아갔습니다. 그는 재산은 지켰지만 영생을 잃었습니다. 그는 많은 것을 가졌지만 가장 중요한 것을 놓쳤습니다. 그는 일생에서 가장 귀한 흥정에 실패한 것입니다.

무엇이 참으로 지혜로운 흥정일까요? 죄를 회개함으로 용서를 받는 것, 자기를 부인함으로 주님의 제자가 되는 것, 자신을 낮춤으로 하나님이 높여주시는 것, 십자가를 감당함으로 영광을 보는 것입니다. 모든 일에 지혜로운 흥정을 하십시오.

오늘의 선택이 영원을 판가름합니다.

The Scent of Gospel

10
October

내 생각은 네 생각과 다르며
내 길은 너희 길과 달라서
하늘이 땅보다 높음 같이
내 길은 너희 길보다 높으며
내 생각은 너희 생각보다 높으니라

사 55:8-9 (개역한글)

October. 1

가짜 세상의 진짜

　서울에서 매우 정교하고 섬세하게 만든 호화 짝퉁 제품들이 경찰에 발각되었습니다. 진품 이상으로 멋진 것들이었다고 합니다. 한국인이 좋아하는 유명 브랜드 짝퉁들은 고품질이어서 전문가도 감별이 어려웠다고 합니다. 제조, 유통, 판매까지 조직적으로 운영했다고 하는 그들은 전문 사기꾼들이었습니다.

　영적인 세계에도 거짓으로 이루어진 것들이 아주 많습니다. 거짓 사도(고후 11:13), 거짓 선생(벧후 2:1), 거짓 선지자(마 7:15), 거짓 기적(살후 2:9), 그리고 거짓 믿음도 있습니다(딤후 1:5 참고).

　겉은 호화롭고 깨끗해 보이는데 속은 부패했거나, 직함과 직위는 대단한데 실상은 빈 경우가 많습니다.

　가짜와 거짓이 판을 치는 세상에서 우리의 믿음은 순전하고 진실하기를 원합니다.

무엇을 주겠습니까

늦은 저녁 벌판에 군중이 모였습니다. 아직 모두 저녁 식사를 하지 못했습니다. 갑자기 예수님이 제자들에게 "너희가 먹을 것을 주라!"(눅 9:13)고 하셨습니다.

제자들은 아무것도 줄 것이 없다고 말했지만 실상 우리는 이웃에게 줄 것이 많습니다. 격려의 말을 해 줄 수 있습니다. 한마디 말로도 하루가 밝아집니다. 밝은 미소를 해 줄 수 있습니다. 환한 미소는 돈 들이지 않고도 큰일을 합니다. 따뜻한 마음을 줄 수 있습니다. 공감하고 이해해 주는 마음은 보석과 같지요. 돕는 손을 펼 수 있습니다. 계단을 힘겹게 오르는 노인을 거들어 드리세요. 그리고 중보의 기도를 해 줄 수 있습니다. 기도로 하나님의 힘을 보탤 수 있습니다.

우리에게는 줄 것이 있으니 얼마나 좋은가요?

오늘도 베풀고 사는 하루가 되십시오.

October. 3
어떻게 변했습니까

신문이나 방송에서 자주 보는 광고 중에 비포 앤 애프터 (Before & After) 광고가 있습니다. 뚱뚱한 사람이 무슨 운동을 했더니 날씬해지고, 성형수술로 낮은 코가 높아지고, 눈이 커지고, 얼굴 윤곽이 바뀝니다. 광고에 혹해서 "나도 한번 해볼까?" 생각하는 이들도 있습니다. 그러나 진정한 변신은 여기에 있습니다.

"그런즉 누구든지 그리스도 안에 있으면 새로운 피조물이라. 이전 것은 지나갔으니 보라, 새것이 되었도다"(고후 5:17).

진실한 마음으로 예수님을 믿고 받아들이면 실제로 삶과 운명이 바뀝니다. 불안과 원망이 평안과 감사로 바뀌고, 죽음에 대한 두려움이 소망이 됩니다. 그리스도인이라고 해서 항상 웃고 살지는 않지만 참된 삶의 의미와 목적이 발견되었기 때문에 주를 믿기 전후의 차이에 스스로도 놀랍니다.

당신의 비포와 애프터는 어떻게 다릅니까?

October. 4
모두 드러나는 카메라

영국에서는 공항 세관의 철저한 보안을 위해 새로운 거짓말 탐지 카메라를 개발하고 있습니다. 거짓말을 할 때는 혈액순환이 빨라지고 그것이 얼굴에 드러난다는 점에 착안한 것입니다. 거짓말하는 사람의 눈동자가 미세하게 움직인다거나 호흡이 빨라지고 눈 주변 혈관이 부어오르는 것을 관찰하여 섬세한 변화도 포착할 수 있습니다. 현재 거짓말 탐지 카메라의 정확도는 85퍼센트 정도라고 합니다.

하나님은 우리의 숨겨진 생각도 다 아시고 가장 정확한 판단을 내리십니다.

"**나 여호와는 심장을 살피며 폐부를 시험하고 각각 그의 행위와 행실대로 보응하나니**"(렘 17:10).

하나님의 거짓말 탐지기의 정확도는 100퍼센트입니다. 그 앞에 숨길 것이 없으니 두렵지 않습니까?

오늘도 주님 앞에서 정직하게 살아야겠습니다.

October. 5
잘못된 출발

자메이카 출신의 육상선수 우사인 볼트는 세상에서 가장 빠른 사나이라는 별명을 가지고 있습니다. 그런 그가 2011년 대구 세계육상선수권대회의 남자 100미터 결승전에서 잘못 출발하는 바람에 실격 처리되었습니다. 출발 신호보다 너무 일찍 출발했기 때문에 '한 번 잘못 출발하면 실격'이라는 규정에 따라 달릴 기회를 잃었습니다.

그리스도인의 삶에도 잘못된 출발이 있습니다. 정말 바른 출발은 '거듭나는 것'입니다.

"…사람이 물과 성령으로 (거듭)나지 아니하면 하나님의 나라에 들어갈 수 없느니라"(요 3:5).

언제 성령으로 거듭났습니까? 이 땅에서 마지막 호흡을 거둘 때 하나님 나라에 들어갈 확신이 있으신가요? 우리의 여정은 때로 느리고 힘겨울 수 있습니다.

그럴 때마다 신앙의 바른 출발을 했는지 재확인하십시오.

October. 6
하나님의 불공평

하나님의 불공평이라니요? 하나님은 언제나 공평하지 않으신가요? 어느 포도원에서 일꾼을 부른 이야기를 봅시다. 아침에 일찍 와서 일한 사람은 한 데나리온을 받았는데 오후와 심지어 저녁때 일하러 온 사람들도 모두 동일하게 한 데나리온의 삯을 받았습니다(마 20:1-16). 이것이 공평한 처사라고 생각하십니까? 하나님은 처음 복음을 들은 유대인이나 먼 훗날에 복음을 들은 우리 같은 이방인에게도 동일하게 영광스러운 구원과 영생을 값없이 주셨습니다.

예수님을 어려서 믿은 사람이나 늦게 믿은 사람이나 천국을 동일하게 소유하게 하신 것을 기억하십시오.

하나님의 불공평이 우리에게는 은혜가 되었습니다. 하나님의 공의를 생각하면 우리는 설 자리가 없습니다.

그러나 주님의 사랑과 '불공평의 은혜'를 생각하면 생각할수록 감사하고 가슴이 뜁니다.

October. 7
당신의 계획은 무엇인가

 외국을 여행하게 되면 그 나라의 날짜와 시간에 맞춰야 합니다. 한국은 미국 동부와 13시간 차이가 나고 몽골은 한국과 한 시간 차이가 납니다. 아무리 좋은 고급시계라도 현지 시간과 맞지 않으면 쓸모없는 기계에 불과합니다. 그러면 하나님과 우리의 시차는 얼마나 될까요?

 "여호와의 말씀에 내 생각은 네 생각과 다르며 내 길은 너희 길과 달라서 하늘이 땅보다 높음 같이 내 길은 너희 길보다 높으며 내 생각은 너희 생각보다 높으니라"(사 55:8-9, 개역한글).

 하나님의 생각은 우리의 생각과 다를 뿐 아니라 훨씬 더 높고 차원도 다릅니다. 그러므로 하나님의 생각을 내 생각에 맞추려고 하지 말고 내 생각과 뜻을 하나님의 생각에 맞춰야 합니다. 내 생각과 계획대로 되지 않는다고 불안해하지 마십시오.

 하나님의 뜻에 맞춰야 바로 살고 하나님을 바로 섬깁니다.

October. 8
등불로 길을 밝히라

밤에 고속도로를 운전할 때 종종 헤드라이트의 고마움을 느낍니다. 멀리까지 밝히는 것은 아니지만 우리가 앞을 분간하고 달려갈 수 있을 만큼 비춰 주기 때문입니다.

"여호와여 주는 나의 등불이시니…"(삼하 22:29).

주님은 우리의 먼 미래까지 다 알려주지 않으시지만 매일 필요한 만큼의 빛을 보여 주십니다.

10년 후, 20년 후가 불확실하다고 염려하지 마십시오. 오늘 주시는 주의 말씀을 등불 삼아 그 빛을 따라가다 보면 결코 길을 잃지 않습니다. 내일 무슨 일이 일어날지 알 수 없지만 오늘도 등불 되신 주의 빛을 따라 가십시오.

우리의 미래는 주님의 손에 달려 있으니까요.

October. 9

무슨 연습을 하십니까

아침에 인근 YMCA 체육관에 가보면 많은 사람들이 땀을 흘리며 운동하는 모습을 봅니다. 젊은 사람들은 더 멋진 근육을 만들려고 운동하고 노년층은 대개 건강을 유지하려고 운동합니다. 근육질의 몸을 유지하려면 운동을 매일 계속해야 합니다. 하다 말다 하면 근육을 만들기가 어렵지요.

믿음도 근육과 같습니다. 건강하고 튼튼한 믿음을 가지려면 운동을 계속해야 합니다. 믿음은 저절로 자라거나 성숙해지지 않으니까요.

"오직 경건에 이르기를 연습(훈련)하라"(딤전 4:7).

요즘도 체력 단련을 하십니까? 그리고 성경을 읽고 기도하고 말씀을 실천하는 영적인 운동도 하고 계신지요? 신체적으로나 영적으로 더 멋진 근육을 세우도록 쉬지 말고 운동하십시오!

October. 10

평생 현역으로 사는 법

실업은 전 세계가 고민하고 있는 대단히 심각한 문제입니다. 심지어 아프리카 어느 나라는 국민의 반 정도가 실업 상태라고 합니다. 미국의 평균 실업률은 9퍼센트 정도이고 조금씩 나아지고 있다고 하지만 캘리포니아의 고질적인 실업률은 12퍼센트에 이릅니다.

반면 그리스도인은 평생 실업자가 되지 않습니다. 하나님께서 우리에게 독특한 일거리를 주셨습니다. 바로 그리스도를 증거하는 일입니다.

"그러나 너는 모든 일에 근신하여 고난을 받으며 전도인의 일을 하며 네 직무를 다하라"(딤후 4:5).

그러므로 그리스도인의 실업률은 0퍼센트입니다. 혹 은퇴한 후라도 아직 일의 현장에 있는 것입니다.

요즘도 성실한 현역 전도자로 사시는지요?

October. 11
무엇을 믿겠습니까

우리는 지금 소위 '자아 세대'에 삽니다. 자기 신뢰, 자기 탐닉, 자기 충족, 자기 확신 그리고 자기만족으로 가득 찬 세대입니다. 사람들은 하나님 없이도 스스로 무엇이든 할 수 있다고 믿습니다. 그러나 자아 세대가 자주 자기기만, 자기 의(義) 그리고 자기중심적인 이기주의에 빠지는 것을 봅니다.

그들은 자신을 부인하거나 절제하는 것, 자신을 통제하고 희생하는 것에 대해서는 모릅니다. 성숙을 위해서 반드시 필요한 것인데도 말이지요.

"우리가 스스로 우리의 행위들을 조사하고 여호와께로 돌아가자"(애 3:40).

지금이 하나님께 돌아가야 할 때입니다. 자아 세대가 아니라 예수 세대가 됩시다.

October. 12
신호등을 잘 보세요

운전자들은 빨간 신호등이 반짝이는 교차로에 오면 초록색으로 바뀔 때까지 기다립니다. 두리번거리지 않고 신호등에 초점을 맞추고 있습니다. 우리도 그처럼 예수님께 초점을 맞춰야 합니다. 예수님만 우리 믿음의 주님이시요, 우리를 온전케 하시는 분이기 때문입니다(히 12:2).

기쁠 때에는 주님께 초점을 맞추세요. 주님이 진정한 기쁨의 근원입니다. 슬플 때에도 주님께 초점을 맞추세요. 주님이 위로자십니다. 낙담될 때에도 주님께 초점을 맞추세요. 주님이 다시 일으켜 세우실 것입니다. 유혹을 받을 때에도 주님께 초점을 맞추세요. 거기에 빠지지 않도록 주님이 도우십니다. 죽음의 문턱에 설 때에도 주님께 초점을 맞추세요. 주님이 우리의 생명이요, 부활이기 때문입니다.

오늘도 무엇을 하든지 어디에 있든지 주님께 초점을 맞춘 하루가 되기를 바랍니다.

October. 13
숨 쉬게 못하는 것

애리조나 피닉스에 거대한 모래 폭풍이 덮쳤습니다. 하늘을 누렇게 뒤덮은 폭풍은 일부 항공기의 비행을 지연시켰습니다. 시속 60마일의 강력한 폭풍이 그 지역을 강타했습니다. 대기오염 수준이 최고조에 달했고 모래 폭풍이 부는 동안 호흡기 질환이 있는 이들은 숨 쉬기조차 어려운 심각한 문제가 발생했다고 합니다.

부도덕하고 불결한 죄의 폭풍이 매일 사방에서 우리를 강타하고 있습니다. 텔레비전, 인터넷, 영화와 잡지 심지어 우리 손에 있는 스마트폰을 통해서도 공격합니다. 이런 것이 신앙생활을 어렵게 하고 기도생활을 방해합니다.

이렇게 공격적인 폭풍과 폭우를 어디서 피할 수 있을까요?

"그 사람(주님)은 광풍을 피하는 곳, 폭우를 가리는 곳 같을 것이며…"(사 32:2).

오늘도 우리를 돌보시는 주님의 손 안에 피하여 안전한 곳에 거하기를 바랍니다.

October. 14
능히 하십니다

우리가 어떤 처지에 놓여 있든지 주님은 우리를 능히 구원하실 수 있습니다(히 7:25).

지금 무서운 죄 가운데 있습니까? 믿음으로 그분께 나아오기만 하면 능히 구원하십니다.

바닥 없이 깊어 보이는 염려가 있습니까? 믿음으로 그분의 손을 잡기만 하면 능히 구원하십니다.

주님으로부터 너무 멀리 떨어져 있습니까? 그분께 방향을 돌리기만 하면 능히 구원하십니다.

절망스러운 경제 문제에 봉착해 있습니까? 그분이 공급자이신 것을 진정으로 믿기만 하면 능히 구원하십니다(빌 4:19).

그렇습니다. 주님은 우리가 처한 현실에서 능히 구원하실 수 있고 또 그렇게 하실 것입니다.

그는 우리의 전능하신 구세주십니다. 눈을 들어 산을 보십시오. 도움이 우리 하나님에게서 옵니다.

October. 15
당신에게는 시민권이 있습니다

불법 이민자 문제는 미국 정부의 숙제입니다. 현재 미국에는 1,100만 명 이상의 불법 체류자가 거주하는 것으로 추정됩니다. 그들은 더 나은 교육 환경과 더 나은 생활을 위해서 국경을 넘지만 대부분 열악한 환경 가운데 있습니다. 어떻게 해서라도 미국에 입국을 시도하는 사람들이 여전히 많기 때문에 그들을 위한 좋은 대책이 필요합니다.

천국에 불법 이민자가 있을 수 있다고 생각합니까? 주님의 분명한 입국 허락이 없으면 아무도 하나님의 나라에 들어가지 못합니다. 그렇지만 천국은 예수님을 믿는 이에게는 아직도 문이 활짝 열려 있습니다(요 3:16). 혹시 이 땅에서는 불법 이민자 취급을 받는 이라도 천국에서는 합법적으로 영주할 수 있는 길이 있습니다.

주님을 믿어서 천국 시민권을 취득하십시오(빌 3:20).

October. 16

지식 위에 믿음, 그래야 지혜

거리의 광고판에서 좋은 글귀를 보았습니다.

지식 + 믿음 = 지혜! 참으로 맞는 말입니다.

요즘엔 지식이 넘쳐납니다. 그런데 그런 지식 대부분이 쓸데없는 것들이지요.

"… 지식을 더하는 자는 근심을 더하느니라"(전 1:18).

그러나 지혜가 많으면 삶이 풍요해집니다. 무엇보다도 하나님을 아는 지혜가 필요합니다. 믿음 없는 지식은 종종 위험스럽습니다. 악을 위해서 쓰일 수 있기 때문입니다.

그리스도가 하나님의 지혜입니다(고전 1:24).

주를 믿는 믿음을 더하여 더 지혜로워지십시오. 오늘도 거룩한 지혜를 구하는 하루가 되기 바랍니다.

October. 17
잡초 먹는 염소

얼마 전 〈LA 타임즈〉에서 보니 한 무리의 염소들이 다운타운의 조경을 4년째 계속 책임지고 있다고 합니다. 아프리카에서 수입한 130마리의 염소들이 잡초가 무성한 언덕에 즐비한 풀을 먹어 치우는 것입니다. 염소를 활용하는 것은 공해를 유발하는 제초기보다 훨씬 더 친환경적이며 비용이 적게 듭니다.

우리의 신앙생활 속에도 잡초가 자랍니다. 어떤 잡초들일까요? 의심, 염려와 두려움, 불신과 정욕, 질투, 욕심을 비롯해서 그 외에 많은 잡초가 있습니다. 이런 잡초들은 우리의 생각과 삶을 엉망으로 만듭니다. 그리고 종종 우리의 신앙을 저해하고 오염시킵니다. 우리 속에서 잡초가 자라지 않게 조심하십시오.

매일 하나님의 정결한 말씀의 물로 우리의 생각과 마음을 깨끗하게 하십시오(엡 5:26).

October. 18
녹슬지 맙시다

시애틀에 사는 친구를 만나러 가는 길이었는데 여럿이 같이 타고 가던 차가 높은 산길에서 갑자기 시동이 꺼져 버렸습니다. 자동차를 잘 아는 친구가 있어서 무엇이 잘못되었는지 금방 알아냈습니다. 배터리에 녹이 많이 생겨서 전기 연결이 잘 되지 않았던 것입니다. 배터리 연결 부분을 깨끗하게 닦으니 차는 다시 신 나게 달릴 수 있었습니다.

우리의 신앙생활에서 주님과의 연결을 방해하는 것이 있습니까? 누추한 생각들? 부정직? 게으름? 통제하기 힘든 성격? 또 무엇입니까?

"더러는 가시떨기에 떨어지매 가시가 자라 기운을 막으므로 결실하지 못하였고"(막 4:7).

그런 것들을 버리고 자백하여 정결해지십시오. 죄와 허물이라는 녹이 슬지 않도록 우리 앞에 있는 믿음의 경주를 신 나게 달립시다!

October. 19

백만장자의 불평

불평불만이 많은 어느 백만장자에게 만족하려면 무엇이 필요한지를 물었더니 "돈이 좀 더 있었으면…"이라고 대답했답니다. 갖지 못한 사람은 모든 것이 필요하니 만족할 수 없고, 가진 사람은 무엇인가 더 원하니 만족하지 못합니다. 그러나 여기 만족할 수 있는 방법이 하나 있습니다.

"너 자신이 되라, 진실하게. 너 자신을 용납하라, 감사하게. 자신을 가치 있게 여겨라, 기쁘게. 너 자신을 용서하라, 완전히. 너 자신을 대우하라, 너그럽게. 너 자신의 균형을 잡아라, 조화롭게. 너 자신을 축복하라, 풍성하게. 너 자신을 신뢰하라, 온전히. 너 자신을 사랑하라, 진심으로. 너 자신을 격려하라, 기도하는 마음으로. 너 자신을 내어주라, 열정적으로. 너 자신을 표현하라, 빛나게."

사도 바울은 "어떠한 형편에든지 나는 자족하기를 배웠노니"(빌 4:11)라고 말했습니다.

October. 20
AAA 등급을 받으려면

국가 신용등급 평가사인 스탠다드 앤 푸어스(S&P)는 역사상 처음으로 미국의 국가 신용등급을 최고 수준인 AAA에서 AA+로 강등시켰습니다. 미국의 정당들이 정치 경쟁에만 집중하기 때문에 치솟고 있는 국가부채 문제를 해결하기 위한 국가의 신용도를 믿을 수 없다는 것입니다.

사도 시대의 초대교회는 AAA의 등급을 받았을 것입니다. 그들은 신앙 때문에 많은 고난을 받으면서도 동시에 백성들에게 칭송을 받아 구원받는 사람들이 날마다 더했다고 성경이 증언합니다(행 2:47).

현대 교회와 그리스도인에 대한 신용등급은 어떻습니까? 불성실하고 경건치 못하여 신용이 더욱 떨어지지 않습니까? 우리는 영적인 신용 회복을 위해서 일어서야 합니다. 순수한 주의 복음으로 돌아가야 합니다. 두렵고 떨리는 마음으로 구원을 이뤄야 합니다.

"주님, 우리로 하여금 주님 앞에서 경건하고 정직하게 하옵소서! 주의 재림 전에 믿음의 신용을 회복하게 하옵소서!"

October. 21
이상기후를 감지합니까

토네이도, 대홍수, 산불, 가뭄 등이 세계 각처에서 발생하고 있습니다. 매년 기후와 관련된 파괴와 비극이 세계 곳곳을 강타하는 것을 봅니다. 무섭게 확산되는 이상기후로 이미 많은 사람이 죽었고 주택과 학교, 교회 등에 수백억의 손해를 끼쳤습니다. 지구 온난화가 이런 재난의 한 가지 원인이겠지요.

성경은 마지막 때의 징조에 대해서 말합니다. 심각한 기근, 이상한 기후, 끊임없는 전쟁, 두려운 지진, 그리고 무서운 홍수와 가뭄이 온다고 예언했습니다. 이런 것은 단순히 자연현상만이 아닙니다. 하나님이 보여 주시는 징조(signs)입니다.

"이 모든 것이 이렇게 풀어지리니 너희가 어떠한 사람이 되어야 마땅하냐? 거룩한 행실과 경건함으로 하나님의 날이 임하기를 바라보고 간절히 사모하라…"(벧후 3:11-12).

주의 재림이 정말 가까워졌다고 생각하지 않습니까?

맑은 정신으로, 늘 깨어 있는 경건한 성도로 삽시다.

October. 22
돈으로 살 수 없는 것

이민자가 되면 그 나라에서 영주하기 위하여 영주권을 획득하는 것이 중요합니다. 그것을 위해서 중개인에게 많은 돈을 지불하는데 근간에는 영주권 사기 사건이 빈번합니다. 거액을 들였건만 무효가 되어 강제 출국을 당한 이들도 있습니다.

천국도 마찬가지 입니다. 영주권이 있어야 그곳에서 기거할 수 있습니다. 그렇다면 어떻게 해야 천국의 영주권자가 될 수 있을까요? 얼마를 지불해야 하고 얼마나 수고해야 합니까? 하나님의 선물은 돈으로 사는 것이 아닙니다(행 8:20). 그것은 하나님이 주시는 은혜의 선물입니다. 돈이나 값을 지불하지 않고도 얻을 수 있습니다(사 55:1). 이 사실이 놀랍지 않습니까? 이단 집단의 종교적 사기꾼들에게 속지 마십시오.

다만 예수님을 구주로 깊이 신뢰하십시오. 그리스도의 은혜의 복음 외에 다른 복음은 없습니다.

October. 23

무엇으로 채우겠습니까

종려나무는 물이 전혀 없는 메마른 곳에서 어떻게 물기를 끌어오는 것일까요? 종려나무는 대기 중의 습기를 빨아들이는 놀라운 흡입력을 가지고 있다고 합니다. 그 물기를 압축하여 이슬처럼 내려주기 때문에 여행자들은 그 나무를 '비 나무'라고 부릅니다. 종려나무는 물이 없는 곳에서도 위로 곧게 자라면서 그 주변에 식물이 자라게 합니다.

그리스도를 믿는 이들도 '비 나무'가 되어야 합니다. 모든 것이 메마르고 황량한 곳에서도 주님이 주시는 시원한 생수의 말씀을 이웃과 나누고 그들의 강퍅해진 마음을 적셔야 합니다.

"그들이 나와 너희 마음을 시원하게 하였으니 그러므로 너희는 이런 사람들을 알아 주라"(고전 16:18).

사도 바울의 몇몇 친구들이 그의 마음을 시원케 한 것처럼 우리도 이 삭막한 세상에서 '비 나무'로 삽시다.

October. 24
영적인 화장 시간

여성들은 매일 화장하는데 10~30분 정도를 쓴다고 합니다. 어떤 사람은 더 짧거나 오랜 시간이 필요하고요. 매일 얼굴을 다듬고 화장하는 일은 더 깨끗하고 건강하고 아름답기 위해서 필요합니다. 그래서 많이 바쁠 때도 화장은 하지요.

영적인 면에서도 깨끗하고 건강하고 아름답기 위해서 화장을 해야 하지 않을까요? 우리는 늘 성경을 읽고 진실하게 기도하고 예배하고 주님과 남을 섬기는 선행으로 영적인 화장을 할 수 있습니다.

"… 단정하게 옷을 입으며 소박함과 정절로써 자기를 단장하고 땋은 머리와 금이나 진주나 값진 옷으로 하지 말고 오직 선행으로 하기를 원하라…"(딤전 2:9-10).

외모를 가꾸기 위해서 화장하는 만큼만이라도 우리의 내면을 정성스럽게 가꾸는 것이 중요합니다. 오늘은 이 두 가지 화장을 다 하셨나요? 교회 뜨락에 핀 꽃처럼 아름다운 하루가 되시기 바랍니다.

October. 25
소유주 하나님의 소유물

많은 이들이 셋집에 살거나 렌터카 등을 운전하면서 언젠가는 소유주가 되기를 원하지요. 그렇다면 우리 삶의 소유주는 누구입니까? 내가 내 삶을 소유한 주인입니까? '소유주'란 소유하기 원하는 물건을 위하여 필요한 모든 금액을 지불한 사람입니다. 누가 우리의 죗값을 다 지불했습니까? 하나님께서 우리 구원을 위해서 단번에 완불하셨습니다.

"너희는 너희 자신의 것이 아니라 값으로 산 것이 되었으니…"(고전 6:19-20).

우리를 구원하시려고 하나님이 지불하신 엄청난 대가는 가장 고귀한 예수님의 보혈이었습니다. 하나님이 완불하신 것이 우리를 소유하게 하십시오! 우리는 우리의 것이 아니라 하나님의 것입니다.

"그리스도인에게 가장 큰 기쁨은 하나님이 그의 소유권을 가지시게 하는 것이다."

October. 26

생명을 살리는 것

고속도로변에서 '물이 흐르는 곳에 양식이 자란다'(Food grows where water flows)라고 써있는 광고판을 보았습니다. 그 옆에는 '물은 일자리'(Water=Jobs)라는 글귀도 있었습니다. 이처럼 물은 우리 삶에서 가장 중요한 요소 중 하나입니다. 비가 드문 남가주의 메마른 벌판 가운데에도 물이 있는 곳에는 푸른 채소와 과일이 자라고 있어 물이 있는 곳에 생명이 있음을 실감합니다.

물이 우리 몸에 필수요소인 것처럼 영혼을 위해서도 영적인 물이 꼭 필요합니다.

"내(예수님)가 주는 물을 마시는 자는 영원히 목마르지 아니하리니 내가 주는 물은 그 속에서 영생하도록 솟아나는 샘물이 되리라"(요 4:14).

이것은 주님이 주시는 생명의 말씀입니다. 이 영혼의 생수를 자주 마시고 계십니까? 혹시 영혼이 목마르지는 않습니까?

생수의 근원이신 예수님에게서 잠시도 떠나지 마십시오.

October. 27

잔고는 넉넉합니까

자동인출기에 카드를 넣으면 현금을 받을 수 있습니다. 물론 은행계좌에 충분한 잔고가 남아 있어야 하겠지요. 우리는 시간과 재능과 재물을 어디에 쌓고 있습니까? 어리석은 부자처럼 더 큰 창고에 쌓아놓고 있나요, 아니면 하늘에 쌓고 있습니까? 소중하고 귀한 것을 땅에 쌓으면 어느새 새어 나가고 분실됩니다. 하늘에 쌓아야 조금도 잃어버리지 않고 오히려 이자에 이자가 붙습니다.

"오직 너희를 위하여 보물을 하늘에 쌓아 두라. 거기는 좀이나 동록이 해하지 못하며 도둑이 구멍을 뚫지도 못하고 도둑질도 못하느니라"(마 6:20).

주님을 위해서 좀 더 헌신하십시오. 주의 일에 좀 더 시간과 재물을 드리십시오.

주를 위하여 자신을 산 제물로 드리십시오. 하늘에 잔고가 넉넉하게 하십시오!

October. 28
언제 일어나십니까

아침에 일찍 일어나면 혜택이 많습니다. 생산성과 창조성이 높아지고 건강을 증진시키고 스트레스와 질병은 감소시킵니다. 주님과의 시간도 더 많이 가질 수 있습니다.

하나님은 이른 아침에 기적들을 많이 행하셨고 예수님도 아침에 일찍 일어나서 기도하셨습니다(막 1:35). 아브라함은 일찍 일어나 하나님께 순종했고, 여호수아와 히스기야도 일찍 일어났고, 다윗은 아침에 하나님께 부르짖었습니다. 벤저민 프랭클린은 매일 아침 5시에 일어났고, 루즈벨트 대통령도 새벽녘에 일어났고, 임마누엘 칸트도 늘 새벽 5시에 기상했습니다.

어떻게 해야 일찍 일어날 수 있을까요?

일찍 잠자리에 드십시오. 자명종을 침상과 먼 곳에 두시고요. 단 자기 합리화는 하지 마십시오. 훈련하고 훈련하면 일찍 일어날 수 있습니다.

"내가 새벽을 깨우리로다"(시 57:8).

October. 29
사랑스러운 그리스도인

하나님 보시기에 누가 과연 사랑스러운 그리스도인일까요? 슬플 때가 있지만 침울하지 않고, 신중하지만 점잖을 빼지 않고, 엄숙하지만 차갑지 않고, 강직하지만 공격적이지 않습니다.

사도 바울은 성숙한 성도를 이렇게 묘사했습니다.

세상에선 무명하지만 하나님께 잘 알려졌고, 종종 슬픈 일들을 당하지만 항상 기뻐하고, 가난하지만 많은 사람을 부요하게 하고, 매일 죽는 것 같지만 항상 살아 있고, 아무것도 없는 것 같지만 모든 것을 가졌습니다 (고후 6:9-10).

우리 자신은 어떻습니까? 부자가 되려고 질투하거나 다투지 마십시오. 더 높아지거나 유명해지려고 애쓰지 마십시오. 못난 신자는 자신을 높이려고 갈등합니다.

다만 주님이 우리의 모든 것 되시고 선한 목자이신 것에 기뻐하고 감사하면서 오늘도 사랑스러운 주의 자녀로 사십시오.

October. 30
어떻게 갚으시겠습니까

미국은 14조 달러가 넘는 국가채무를 해결하고자 여러모로 해결책을 모색하고 있습니다. 국가채무 불이행의 위험수위까지 임박한 실정입니다. 대통령과 의회는 국가부채 상한선을 인상했지만 결국 미국인들은 모두 빚쟁이가 되었습니다. 빚은 결코 즐거운 것이 아닙니다. 언젠가 꼭 갚아야 하는 짐이기 때문이지요.

그리스도인들도 모두 채무자입니다. 예수님이 우리의 죗값을 십자가에서 대신 갚아 주셨기 때문입니다.

그러므로 예수 그리스도를 모르는 세상 사람들에게 복음의 빚을 진 것입니다(롬 1:14).

어떻게 해야 우리의 빚을 갚을 수 있습니까? 때를 얻든지 못 얻든지 다른 이들에게 복음을 나누고 예수 그리스도를 높여야 합니다. 최선을 다해서 이 사랑의 빚을 갚으십시오.

오늘만 아니라 항상 그래야 합니다.

October. 31

다 듣고 계십니다

요즘에는 다양한 도청 기기가 개발되어 있습니다. 사람의 몸속이나 어떤 장소, 또는 차 안에 숨겨 두고 대화를 몰래 엿듣습니다. 우리가 친구와 통화하는 내용조차도 누군가가 엿듣거나 녹음을 할 수 있습니다. 낮말도, 밤말도 조심해야 하지요.

하나님은 우리 이야기를 몰래 도청하시는 것이 아니라 우리의 기도에 귀 기울이시고 대화하려 노력하신다는 것을 아십니까?

"여호와여, 내 혀의 말을 알지 못하시는 것이 하나도 없으시니이다"(시 139:4).

말로 다 표현하지 못해도 마음을 아시는 하나님이 언제 어디서나 우리 기도를 듣고 계십니다.

그러니 응답이 늦어도 기도를 쉬지 마십시오.

The Scent of Gospel

November

그들이 이제는
더 나은 본향을 사모하니
곧 하늘에 있는 것이라…

히 11:16

November. 1

높이 나는 새처럼

    1.8킬로그램의 작은 새 한 마리가 시속 960킬로미터로 날고 있는 비행기와 충돌하면 64톤급의 충격과 맞먹는다고 합니다. 비행기가 새와 충돌하는 일은 흔하게 발생합니다. 미국에서는 이 새 때문에 한 해에 6억 불의 비행기 수리비가 듭니다. 특히 이륙과 착륙 그리고 저공비행 때 더 위험합니다. 그렇지만 비행기가 고공에서 비행하면 새와 충돌할 위험은 훨씬 적습니다.

    우리의 신앙생활도 '더 높이' 날아야 합니다. 계속해서 세상과 어울려 살다 보면 주변의 많은 유혹과 위험에 부딪치게 됩니다.

    "아름다운 소식을 시온에 전하는 자여. 너는 높은 산에 오르라"(사 40:9, 개역한글).

    높은 산에 올라가야 더 많이 보고 더 멀리 봅니다.

    날마다 높이 더 높이 날아오르세요.

November. 2
세상에서 가장 긴 다리

중국에서는 세계에서 가장 긴 다리가 개통되었습니다. 칭다오에서 황다오를 연결하는 자오저우만 대교의 길이는 마라톤 거리와 비슷한 약 42킬로미터나 됩니다. 이 다리는 미국 루이지애나에 있는 폰차트레인 코즈웨이(Pontchartrain Causeway) 다리보다 4킬로미터나 더 길지만 〈타임〉지는 그 다리를 가리켜 냉소적인 어조로 '신뢰할 수 없는 다리'라고 썼습니다. 중국의 부실공사를 비꼰 것이지요.

여기 우리에게 생명을 주는 특별한 다리가 있습니다. 하나님과 인간 사이를 연결하는 다리입니다.

"하나님은 한 분이시요 또 하나님과 사람 사이에 중보자도 한 분이시니 곧 사람이신 그리스도 예수라"(딤전 2:5).

예수님 외에 다른 다리를 찾으려고 하지 마십시오. 그가 누구이든지 결국 다 붕괴되고 맙니다.

예수님은 하나님께 이르게 하는 유일한 길이며 우리를 위한 가장 확실한 천국의 다리십니다.

November. 3
밀물과 썰물

아름다운 말리부 해변에 갈 때마다 끊임없이 밀려들고 밀려나가는 하얀 밀물과 썰물을 보는 것이 참 좋습니다. 우리의 삶에도 밀물과 썰물이 있습니다. 물이 가득한 밀물 때만 아니라 물이 다 빠져나가 썰렁한 썰물 때도 있지요.

다윗은 위협적인 적들 때문에 늘 위험하고 두려운 썰물 가운데 있었습니다. 바울도 아시아에서 위험의 썰물에 놓였었고, 엘리야는 갈멜산에서 승리한 직후에 죽고 싶을 정도로 좌절의 썰물을 경험했습니다. 썰물은 고통스러운 것이지만 꼭 있어야 합니다. 썰물이 없으면 밀물도 없습니다. 실망과 고통의 썰물이 밀려올 때에는 주님께 돌아와 그를 더 의지하십시오.

"내가 두려워하는 날에는 내가 주를 의지하리이다"(시 56:3).

지금 두려운 무언가를 마주하고 있습니까? 아마 썰물 때인가 봅니다. 그러나 곧 밀물 때가 옵니다.

밀물 때라고 자랑하지도 말고 썰물 때라고 실망하지도 마십시오.

November. 4
우리는 종교인이 아닙니다

종교는 대개 철저한 율법, 각종 예식과 의식, 하지 말라와 하라 같은 규정 준수나 벌칙과 관련되어 있습니다. 관계는 대개 우정, 소통, 이해, 연결, 사랑, 더불어 함께하는 것과 관련되어 있습니다. 당신은 하나님과의 관계에서 어떤 위치에 있습니까? 기독교라는 종교를 믿는 종교인입니까? 아니면 예수 그리스도를 통하여 하나님과 인격적인 관계가 맺어진 사람입니까?

우리의 신앙이 기독교라는 종교에 근거한 것이라면 거기에서는 마음에 쉼과 평안과 생명을 찾지 못합니다. 반면 우리의 신앙이 하나님과 생명의 관계에 있으면 하나님이 주시는 많은 은택과 특권을 누릴 수 있습니다. 그곳에 죄 용서와 구원과 영생이 있습니다.

그리스도인이 된다는 것은 어떤 종교를 선택하는 것이 아니라 주님과 인격적인 사랑의 관계를 맺는 것입니다. 그래서 하나님이 우리 아버지요, 우리는 그의 자녀가 됩니다.

오늘도 예수 그리스도 안에서 주의 말씀과 기도를 통해 살아 있는 하나님과 친밀한 교제를 나누며 사십시오.

November. 5
복음만 자랑하십시오

무엇을 자랑하고 싶습니까? 명문 대학 출신임을 증명하는 졸업장, 고급 주택이나 고가의 자동차, 멋진 근육, 자신 있는 외모, 좋은 배경입니까? 그렇다면 무엇을 부끄럽게 생각합니까? 낡디낡은 자동차, 경제적으로 쪼들리는 것, 반복적인 실패, 남들보다 학력이 부족한 것, 자신감 없는 외모를 부끄러워합니까?

바울은 자기의 화려한 경력과 좋은 가문과 높은 학문을 자랑하지 않고 다만 그리스도와 그의 십자가만 자랑했습니다. 그리고 그리스도의 복음을 결코 부끄러워하지 않았습니다.

복음은 믿는 자에게 구원의 능력이기 때문입니다(롬 1:16).

그리스도의 복음을 부끄러워해 본 적이 있습니까?

우리를 구원하고 새로운 피조물로 만든 그리스도와 그의 십자가를 절대로 부끄러워하지 마십시오.

November. 6
가장 새로운 나라

50년간의 게릴라 투쟁으로 200만 명의 목숨을 잃은 후 2011년 7월 9일에 남부 수단이 독립을 선언했습니다. 세계에서 193번째의 독립국이 된 것입니다. "드디어 자유다!"라고 외치며 깃발을 올렸지만 국민의 대다수가 하루에 1불 이하로 사는 극빈 상태를 벗어나지 못했으며 교육, 건강, 도로, 산업에 투자하는 돈을 다 합친 것보다도 더 많은 재원을 국가안보에 쏟아부어야 하는 실정입니다.

여기 주를 믿는 이들을 위한 새로운 나라가 있습니다. 이 나라는 이 땅에 속하지 않고 예수 그리스도의 희생을 통해서 이룩된 나라입니다. 그곳에는 갈등이나 눈물, 고통이나 죽음이 없고, 온전한 평안과 말할 수 없는 기쁨과 참된 안식이 있습니다.

"그들이 이제는 더 나은 본향을 사모하니 곧 하늘에 있는 것이라…"(히 11:16).

부활하신 예수님이 우리에게 약속하신 하늘에 속한 새로운 나라를 사모하십니까? 지금은 우리가 이 땅에서 행인과 나그네로 살지만 곧 주님의 얼굴을 직접 대하게 될 겁니다.

굳건한 믿음을 가지고 순례자의 길을 계속 갑시다.

November. 7

In or Out

많은 사람들이 신선한 고기를 쓰는 인 앤 아웃(In-n-Out)이라는 브랜드의 햄버거를 좋아합니다. and(n)를 or로 살짝 바꿔볼까요? In or Out. 즉 하나님 안에 있는가, 하나님 밖에 있는가 하는 문제입니다. 하나님 밖에서 사는 사람의 특징을 몇 가지 살펴봅시다.

외로움 - 진정한 동행자가 없기 때문입니다.
공허감 - 삶의 의미와 목적을 찾지 못했기 때문입니다.
상실감 - 영혼의 아버지가 없기 때문입니다.
불안감 - 선장 없이 험한 바다에서 흔들리기 때문입니다.
두려움 - 선한 목자가 없기 때문입니다.

이런 문제는 오직 예수 그리스도를 통해서만 해결된다는 것을 성경은 물론이고 많은 사람과 나 자신이 증거합니다. 예수님 안에 있으면 하나님 아버지와 동행자를 발견하고 천국 백성이라는 소속감을 찾으며 마음의 평안과 함께 내일과 영원에 대한 소망을 얻습니다.

지금 어디에 계십니까? 당신의 영적인 위치를 다시금 재확인하기 바랍니다.

November. 8
날 구원하신 두 가지 이유

우리는 예수님을 통해서 구원받은 사람들입니다. 하나님께서 왜 굳이 아들을 죽이면서까지 우리를 구원하셨는지 생각해 보셨습니까? 천국에서 영생을 누리고, 지옥의 저주를 피하고, 강하고 건강해지기 위해서일까요? 또 다른 이유는 없을까요? 대홍수 때 일부 정결한 짐승은 살아남았습니다. 그것은 하나님께 제물로 드리기 위한 것이었습니다. 우리가 왜 구원받았는지 두 가지는 꼭 기억하십시오.

우리는 하나님께 산 제물로 드려지기 위해서 구원받은 것입니다(롬 12:1).

우리는 선한 일에 열심하는 백성이 되도록 구원받은 것입니다(엡 2:10).

죄를 용서받고, 하나님 자녀의 특권을 누리고, 더 풍성한 삶을 약속받은 것은 신 나는 일입니다. 그러나 절대 잊지 말아야 할 것이 있습니다. 우리는 세상에 주님을 드러내기 위해서 선행에 힘쓰고, 하나님의 일을 위해서 내 몸을 산 제사로 드려야 하는 것입니다.

피 흘려 구원하신 목적대로 살아야 하지 않겠습니까?

November. 9

우리를 살리는 것

얼마 전 건물 지하실에서 냉동시설을 점검하던 인부 네 명이 냉매가스에 질식사했습니다. 냉매가스는 무색, 무취인 데다 불에 타지 않고 공기보다 무겁습니다. 이 가스는 소리 없이 바닥에 깔리기 때문에 어지럼증과 질식사를 일으킬 수 있습니다. 그래서 냉매가스 작업을 할 때에는 특히 환기에 신경 써야 합니다.

죄는 마치 이런 독가스와 같습니다. 색깔과 냄새도 없이 우리 속에 스며들어서 조금씩 조금씩 쌓이다가 나중에는 영혼과 몸까지 무너지게 합니다.

"악인의 길은 어둠 같아서 그가 걸려 넘어져도 그것이 무엇인지 깨닫지 못하느니라"(잠 4:19).

우리에게는 성령의 신선한 바람이 꼭 필요합니다.

우리의 생각과 마음이 미움과 질투와 음란의 살인가스로 채워지지 않게 하십시오.

오히려 성령으로 항상 충만하게 하십시오.

November. 10

잠잠히 하나님을 바라라

어떻게 해야 주의 음성을 들을 수 있습니까? 외딴 산골짜기로 가야 할까요? 골방으로 들어갈까요?

그럴 수도 있습니다. 그렇지만 우리 속에서 삐걱거리는 소음을 듣습니다. 고민과 염려의 소리, 많은 계획과 질문의 잡음, 그리고 유혹과 악한 생각의 소음입니다.

하나님 앞에 잠잠할 수 있는 것은 장소의 문제가 아니라 우리의 생각과 태도의 문제입니다. 시끄러운 출근길의 도로에서도 잠잠할 수 있고, 거리와 해변의 군중 가운데서도 잠잠할 수 있습니다. 모든 것을 향하여 우리의 귀와 생각을 닫고 다만 주님께만 마음을 활짝 열어 두십시오. 그분에게만 초점을 맞추는 것입니다.

A.B. 심슨의 말처럼 폭풍우가 치는 밤에 맑은 이슬이 맺히지는 않습니다. 주님 앞에 잠잠하기를 배워 주의 음성을 들으십시오. 그리고 그분이 우리의 하나님이신 것을 알고 매일 필요한 힘을 그곳에서 얻으십시오.

November. 11
웰빙과 일몰

웰빙은 요즘 사랑받는 단어 중의 하나입니다. 무엇이 정말 웰빙일까요? 다음 세 가지 측면을 살펴봅시다.

Well-born(잘 태어나기). 행복한 가정에 건강한 자녀로 태어나는 것은 복입니다. 그런데 이것은 우리가 선택할 수 없습니다. 마치 태양이 이른 아침에 솟아나는 것과 같습니다.

Well-living(잘 살기). 잘 사는 것은 우리가 선택할 수 있습니다. 이것은 우리의 책임이며 특권입니다. 구세주이신 예수님과 함께 사십시오. 마치 태양이 밝게 비치는 것과 같습니다.

Well-dying(잘 죽기). 이것은 우리가 어떻게 사는가에 달려 있습니다. 웰 다잉은 영원의 세계와 연결되어 있기 때문에 다른 어떤 것보다도 중요합니다. 마치 해가 소리 없이 지는 일몰과 같습니다.

우리의 웰빙은 어떻습니까?

아름다운 석양을 맞도록 매 순간 최선을 다하십시오.

November. 12
하나님의 Yes, No, Wait

하나님께서 우리 기도에 "예스(Yes)"라고 대답하시면 기쁩니다. 구하는 것을 받게 되면 엄청 신이 납니다. 그러다가 만약 기도를 거절하시면 어떻습니까? 하나님은 왜 우리 기도에 종종 "노(No)"라고 말씀하실까요? 또 어떤 때는 아무 응답조차 없습니다. 하나님은 우리가 예수님의 이름으로 구하면 무엇이든지 구하는 것을 받는다고 약속하셨습니다. 그렇지만 하나님은 종종 침묵을 지키십니다.

왜 그럴까요? 기다리는 것(Wait)은 우리에게 가장 좋은 응답이기 때문입니다. 하나님은 모세의 간절한 기도를 거절하신 적이 있고, 바울의 기도도 받아 주지 않으셨습니다.

하나님의 "노(No)"를 기꺼이 받아들일 정도로 영적으로 성숙해야 합니다. 주님이 왜 어떤 기도에는 "예스(Yes)"로 응답하시고 어떤 기도에는 "노(No)"라고 응답하시는지 그 이유를 알 만큼 분별력을 가져야 합니다.

November. 13
참 아름다워라

비록 우리는 어지러운 세상에 살지만 주변에는 아름다운 것들이 대단히 많습니다.

그중 몇 가지만 조용히 떠올려 보세요. 잘 조경된 도심의 공원, 집 뒤뜰에 핀 탐스럽고 매혹적인 장미꽃, 온 산을 뒤덮은 붉은 단풍, 바다를 붉게 물들이는 일몰, 백일도 안 된 아기의 해맑은 미소, 자녀를 위하여 기도하는 어머니의 손, 복음을 전하기에 부지런한 전도자의 발, 그리고 무엇보다도 우리 주님의 아름다우심!

"여호와의 아름다움을 바라보며…"(시 27:4).

오늘도 하나님이 지으신 아름다운 세상에서 주님의 축복을 누리는 자녀로 사십시오!

November. 14
세 가지 관리

집과 자동차와 정원은 잘 가꾸지 않으면 소리 없이 조금씩 망가집니다. 우리의 삶도 세 분야를 잘 관리해야 합니다.

신체적 관리. 정기적으로 그리고 꾸준히 운동하십시오. 매일 신체의 모든 관절과 부분을 움직이십시오.

정신적 관리. 책을 더 많이 읽으십시오. 다른 사람의 허물을 용서하고 잊으십시오. 음악과 자연을 즐기십시오.

영적 관리. 정기적으로 예배를 드리십시오. 성경을 읽고 기도하는 시간을 가지십시오. 시간과 돈을 들이고 진심을 다해 이웃을 섬기십시오.

이런 관리는 매일 꾸준히 해야 합니다. 그런데 아는 것과 행하는 것은 전혀 다릅니다. 균형 잡힌 생활을 하면 반드시 건강과 행복이 주어집니다.

지금 바로 시작하지 않으시겠습니까?

November. 15

주님의 GPS

교인의 집이나 친구네를 방문할 때 GPS(Global Positioning System)만 있으면 처음 가는 곳이라도 고생하지 않고 찾습니다. 만일 내가 엉뚱한 곳으로 가면 GPS가 다시 방향을 바꿔서 다른 길을 택하여 목적지에 가도록 바른 길을 안내합니다.

하나님의 말씀인 성경은 우리에게 바른 삶의 길을 가르치고 인도하는 살아 있는 GPS(God's Perfect System)입니다.

"주의 말씀은 내 발에 등이요, 내 길에 빛이니이다"(시 119:105).

하나님의 GPS를 더 자주 사용하십시오. 그것을 공부하고 묵상하고 실천하십시오. 거기서 실망 중에 위로와 용기를 얻고 어디로 가야 할지 모를 때 빛을 찾습니다. 그리고 마땅히 가야 할 길을 갈 수 있습니다. 자동차에 있는 GPS는 가끔 잘못된 안내를 하기도 하지만 하나님의 말씀은 영원히 온전한 안내서입니다.

November. 16
누가 운전합니까

운전하는 사람은 대개 앞을 보고 달립니다. 험하고 높은 산길을 갈 때는 물론이고 주변 풍경이 아름다운 곳을 지날 때에도 운전자는 전방 주시에 집중해야 안전합니다. 다른 사람이 운전하는 차에 탔을 땐 어떤가요? 그러면 전에는 보지 못했던 주변 풍경이 눈에 들어옵니다.

우리 인생도 우리 자신이 운전하면 많은 힘이 듭니다. 내가 내 삶의 주인이 되어 삶의 핸들을 잡고 나의 모든 것을 주장하고 이끌다보면 삶이 고달픕니다.

"네 길을 여호와께 맡기라. 그를 의지하면 그가 이루시고"(시 37:5).

삶의 운전대를 주님께 맡겨 보십시오. 무책임한 인생이 되라는 뜻이 아니라 예수 그리스도를 진실로 믿고 의뢰하십시오. 놀랍게도 마음에 평강이 생기고 전에는 보이지 않던 것들이 새롭게 보입니다. 예수님이 우리 삶을 주장하시면 영혼의 눈이 밝아지기 때문입니다.

오늘 나의 삶을 운전하는 것은 누구입니까?

November. 17

분실물 찾기

집이나 사무실 또는 낯선 곳에서 무엇인가 잃어버려서 쩔쩔 맨 적이 있습니다.

에베소 교회는 주님을 향한 처음 사랑을 잃었습니다. 열심히 봉사했고 악한 자들을 용납하지 않았지만 처음 사랑을 잃어버리고는 끝내 다시 찾지 못했습니다. 사울왕은 처음의 겸손을 잃어버리고 교만해져서 결국 왕의 자리를 빼앗기고 말았습니다.

다윗왕은 하나님께 대한 성실함을 잃고 범죄했지만 깊이 회개한 후에 하나님의 긍휼을 얻었습니다. 베드로도 위기 때에 주님에 대한 충성을 잃고 범죄했지만 예수님의 사랑으로 돌이켜 위대한 사도가 되었습니다.

무엇을 분실하셨습니까? 주님을 향한 충성과 열심을 잃어버렸습니까? 아니면 불타는 사랑과 헌신을 상실했습니까? 내 중요한 분실물이 무엇이고 왜 잃었는지 깊이 생각하고 돌이켜 주님을 향한 뜨거운 첫 사랑과 섬김으로 돌아오십시오.

November. 18

이상한 벼룩시장

사단이 갖가지 물건을 펼쳐 놓고 벼룩시장을 열었습니다. 지나가던 사람들이 물건 값이 싸다고 한두 개씩 사 갑니다. 무엇을 팔려고 내놓았을까요? 미움, 질투, 분쟁, 음란, 분노, 욕심, 욕설, 거짓과 중상모략을 비롯해 이름도 알 수 없는 이상한 것들입니다. 그중 가장 비싼 것이 있습니다.

"이건 왜 이렇게 비싸요?" 한 행인이 물었습니다. "그건 내가 아끼고 자주 쓰는 도구 중 하나요. 그 물건의 이름은 낙담이요." 사단은 주의 백성을 공격하고 넘어뜨릴 때 낙담이라는 전략을 자주 사용합니다. 낙담하면 절망하게 되고 그러면 하던 일을 중간에 포기하기 때문입니다.

"내 영혼아, 네가 어찌하여 낙심하며 어찌하여 내 속에서 불안해 하는가? 너는 하나님께 소망을 두라. 그가 나타나 도우심으로 말미암아 내가 여전히 찬송하리로다"(시 42:5).

많이 힘들어도 실망하거나 낙심하지 마십시오. 우리를 도우시는 하나님을 다시금 의지하십시오. 사단의 벼룩시장은 오늘도 계속됩니다. 쳐다보지도 말고 계속 믿음의 길을 가십시오.

November. 19
우리의 주권을 양보하세요

저작권(판권)에 대한 사전적 의미는 책이나 어느 원작에 대해서 저자나 제작자가 갖는 배타적인 권한을 말합니다. 저작권 소유자는 일정한 기간 동안 자기 작품에 대한 복사나 개발에 대해서 고유한 법적 권리를 갖게 되고 저자의 허락 없이는 누구도 작품을 복사, 배포, 유용할 수 없습니다.

우리 생명의 소유권(주권)은 누가 가지고 있습니까? 생명의 창조주에게만 배타적인 권한이 있습니다.

"오직 너희는 택하신 족속이요… 그의 소유된 백성이니…" (벧전 2:9, 개역한글).

우리는 하나님께 속한 사람들입니다. 아무도 우리를 해치거나 통치할 수 없습니다.

오직 우리 주님만 우리를 인도하고 다스릴 수 있습니다. 모든 염려를 주님께 맡기십시오.

주님이 주의 소유된 백성을 돌봐주십니다.

November. 20

이슬의 힘

이스라엘처럼 건조한 곳에서는 이슬이 매우 중요합니다. 이슬은 온 세상이 잠자고 있는 고요한 밤에 지상으로 소리 없이 내립니다. 인적이 드문 산길의 외로운 야생화는 어둡고 적막한 밤에 내리는 맑고 신선한 이슬을 머금고 삽니다.

"내 말은 이슬처럼 맺히나니"(신 32:2).

하나님의 말씀은 아침 이슬과 같습니다. 창조주 하나님과 고요한 시간을 갖기 좋아하는 이들의 영혼에 생기와 신선함을 줍니다.

아침마다 주님의 이슬에 흠뻑 젖으십시오. 하루 수고에 필요한 힘을 얻을 수 있습니다.

November. 21
네 가지 시야

신앙생활에는 네 가지 시야가 필요합니다. 한두 군데만 집중해서 보는 것으로는 부족하지요.

뒤를 돌아보십시오. 지난날의 실수와 허물만 생각하면 실망이 되지요. 그렇지만 죄를 용서하시고 여기까지 인도하신 주님의 은혜를 기억하십시오.

앞을 바라보십시오. 아무것도 확신할 수 없어서 낙심이 될 수도 있겠지요. 그렇지만 걸음을 인도하시는 주님의 약속에 대한 소망을 새롭게 하십시오.

위를 바라보십시오. 잦은 불순종이 떠오를 때마다 마음이 불편하지요. 그렇지만 주님의 인내와 사랑을 생각하면서 믿음을 새롭게 하십시오.

주변을 둘러보십시오. 어지럽고 험한 현실에서 불안하기 쉽습니다. 그러나 복음을 기다리는 많은 사람들을 보면서 우리의 사명을 다시 인식하십시오. 어떤 눈으로 자신과 세상을 바라봅니까? 지난날의 주의 은혜와 앞날의 소망과 더 견고한 믿음과 뚜렷한 사명을 가지고 오늘도 푯대를 향하여 열심히 경주하십시오.

November. 22

영적 1차방정식

A + B - C = D

수학시간에 배웠던 일차방정식입니다.

이것을 바꾸면 A + B = D + C가 됩니다.

기본 수학에서 이것을 잘할 수 있어야 더 어려운 방정식을 배울 수 있습니다. 오늘은 세 가지 영적 일차방정식을 소개합니다.

1. 하나님의 은혜 + 나의 믿음 - 행위 = 구원(엡 2:8-9)

   즉, 은혜 + 믿음 = 구원 + 행위(엡 2:10).

2. 걱정 끝 + 기도와 간구 + 감사 = 하나님의 평강(빌 4:6-7).

3. 주의 말씀 + 매일 묵상 + 순종 = 형통(수 1:8).

영적 일차방정식도 기억하고 실천하십시오.

더 복되고 업그레이드된 인생이 될 것입니다.

November. 23

올라갔다 내려갔다

롤러코스터를 타 본 기억을 떠올려 보세요. 어지럽고 얼떨떨하기도 하지만 끊임없이 올라갔다 내려갔다 하는 짜릿함 때문에 사람들은 롤러코스터를 신 나게 탑니다. 우리의 인생도 롤러코스터와 비슷합니다. 여기저기 올랐다가 떨어지는 굴곡이 많습니다. 환한 낮이 있지만 음침한 밤도 있고, 행복한 날이 있지만 슬픈 밤도 있고, 노래하는 날이 있지만 한숨짓는 밤도 있습니다. 꼭 기억할 것은 어지럽게 구불구불 돌아가는 길과 험하고 가파른 고개를 넘으면서 우리는 지금 앞으로 나아가고 있다는 사실입니다.

걷고 달리기를 잠시도 중단하지 마십시오. 우리를 위해 주께서 세우신 푯대를 아시지요? 내려갈 때 낙심하지 마십시오. 엘리야처럼 흔들리지 않는 믿음을 가지십시오. 올라갈 때 교만하지 마십시오. 다윗처럼 정신을 바짝 차리고 기도하십시오.

November. 24

지금 어디 있습니까

하나님께서 원하시는 곳에 있기만 하면 하나님이 넉넉하게 돌봐 주십니다. 구약의 선지자 엘리야를 생각해 보십시오. 어디 어디로 가라는 하나님의 음성을 들었을 때 그의 반응은 즉각 순종하는 것이었습니다.

"하나님께는 가난한 과부에게 먹을 것을 갖다 주는 것은 쉬운 일이다. 하나님께서 우리에게 있으라고 하는 곳에 있기만 하면 필요한 모든 것을 반드시 채워 주신다." 조시아 홉킨스 목사의 말입니다.

하나님이 여기 머물라고 하시면 그냥 그곳에 계십시오. 하나님이 다른 곳으로 가라고 하시면 그냥 떠나십시오.

필요한 모든 것이 공급될 것입니다. 우리가 하나님의 명령에 순종하는 시간과 장소에 하나님의 복과 넉넉함이 준비되어 있습니다.

지금 어디에 계십니까? 오늘도 하나님이 원하시는 곳에 거하십시오.

November. 25

결정적인 만남

한평생에 우리는 많은 사람을 만납니다. 세상에 태어나서 부모를 처음 만나고 한 핏줄을 가진 형제와 자매를 만납니다. 자라면서 친구와 지도자와 이웃을 만나고 또 사랑하는 배우자를 만납니다. 어떤 만남은 인사를 하는 정도이지만 어떤 만남은 우리 삶에 영향을 줍니다. 어떤 만남은 우리를 아프게 하지만 어떤 만남은 우리를 행복하게 합니다.

나는 청년 시절에 예수님을 만남으로 인생이 완전히 바뀌었습니다. 그것은 가장 위대하고 지금까지 지속되는 행복한 만남입니다.

하나님을 만날 만한 때에 찾으십시오. 그리고 매 순간 만남의 기쁨을 누리십시오. 주님은 잠시 지나가는 만남이 아니라 영원히 지속되는 결정적인 만남입니다.

November. 26

무엇을 두려워하십니까

어릴 적 동네 골목에 자주 나타나는 사나운 개를 무서워했습니다. 시커멓고 커다란 개는 멀리서 보기만 해도 겁이 덜컥 났지요. 참혹한 전쟁과 견디기 힘든 가난, 높은 사다리나 까마득하게 높은 산, 초등학교 시절에 경험했던 큰 태풍, 질병과 재난과 실패 등도 내게 두려운 마음을 심어 주었습니다.

그러다가 청년 시절에 예수님을 믿으면서 나의 두려움의 대상이 바뀌었습니다. 하나님을 두려워해야 하는 것을 배운 것입니다.

"… 경건함과 두려움으로 하나님을 기쁘시게 섬길지니"(히 12:28).

이 두려움은 무서움이 아니라 하나님의 사랑이 포함된 경외심입니다. 하나님을 경외하면서 그 많던 나의 두려움이 희미해졌습니다.

무엇을 두려워하십니까? 두려워해야 할 분을 두려워하면 세상을 넉넉히 이길 수 있습니다(롬 8:37).

November. 27

낮에는 사랑, 밤에는 찬송

청교도 지도자 중 한 명인 나타니얼 테일러는 "배가 얼마나 강한지는 그 배가 폭풍을 만났을 때 드러나고, 그리스도의 복음의 능력은 그리스도인이 불같은 환난을 만났을 때 비로소 강력하게 드러난다"고 말했습니다.

우리는 종종 새벽 첫 빛줄기를 기다리며 이리저리 뒤척이고 잠 못 이루는 힘든 밤을 지낼 때가 있습니다. 안팎의 슬픔과 고통 때문에 마음이 무겁고, 사방이 캄캄하고 빛이 보이지 않을 때도 있습니다. 시편 기자도 우리와 같은 경험을 했지만 결코 실망하지 않고 오히려 힘을 얻었습니다.

"낮에는 여호와께서 그의 인자하심을 베푸시고 밤에는 그의 찬송이 내게 있어 생명의 하나님께 기도하리로다"(시 42:8).

지금 무거운 마음으로 밤을 지내십니까? 반짝이는 별은 어두운 밤에만 보입니다.

주 안에 있으면 우리의 밤도 노래가 될 수 있습니다.

그러니 더 강하게 주님을 믿으세요. 오늘도 주님이 사랑과 찬송으로 나를 채워 주십니다.

November. 28

어떻게 살까

웰빙(well-being)과 웰다잉(well-dying)은 과연 어떤 것일까요? 늘 어떻게 살고 어떻게 죽을까를 생각합니다. 저는 주님과 함께 동행하는 단순한 삶을 선택하기로 했습니다.

이웃과 가족에게 친절하게 말하고, 쓸데없는 말을 적게 하고, 되도록이면 많이 웃고, 주의 지체들을 즐겁게 섬기고, 맡은 곳에서 부지런히 일하고, 다른 누군가를 깊이 배려하고, 조건 없이 사랑하고, 부족한 이에게 여유 있게 베풀고, 늘 경건하게 살고, 언제든지 죽을 준비를 하기로 했습니다.

삶에 대한 자신의 리스트를 만들어 보세요.

그리고 주와 함께 삶을 즐기십시오.

November. 29

바꾸시는 하나님

변함이 없으신 하나님은 많은 것을 바꾸십니다.

주님은 맹물을 달콤한 포도주로 바꾸셨습니다. 갈릴리의 어부들을 탁월한 제자로 바꾸셨습니다. 교회 핍박자였던 사울을 교회를 위한 순교자로 바꾸셨습니다. 지옥행인 자들을 천국행으로 바꾸셨습니다. 저주받은 죄인을 복 받은 성도로 바꾸셨습니다. 영원히 죽을 몸을 영생하는 몸으로 바꾸셨습니다.

주님은 슬픔의 눈물을 기쁨의 웃음으로 바꾸십니다. 한숨짓는 밤을 노래하는 낮으로 바꾸십니다. 어둠의 오늘을 밝은 내일로 바꾸십니다. 변함이 없으신 하나님은 모든 것을 바꾸실 수 있습니다.

그러면서도 우리에 대한 주의 사랑은 변하지 않습니다.

November. 30
억만장자는 행복할까

행복학(happiology)이라는 말을 들어보셨나요? 펜실베이니아 대학 심리학 교수인 마틴 샐리그먼 박사는 이런 의문을 품고 있었습니다. "억만장자가 왜 더 많은 돈을 벌고 싶어 할까?" "카드놀이를 하면서 왜 어떤 사람은 얼굴에 미소가 없고 심지어 이겼을 때도 행복하지 않은가?"

그래서 그는 행복의 요소로 'Perma'라는 단어를 만들어냈습니다. 즉 긍정적인 감정(Positive emotion), 소속감(Engagement), 관계(Relationships), 의미(Meaning) 그리고 성취감(Accomplishment)입니다.

진정한 행복은 무엇이고 또 어떻게 얻을 수 있습니까? 우리 주님은 행복의 비결에 대해 간단하게 말씀하십니다.

"심령이 가난한 자는 복이 있나니 천국이 그들의 것임이요"(마 5:3).

그리스도로 충만한 가난한 마음에서 행복한 자원이 솟아납니다.

The Scent of Gospel

12
December

풀은 마르고 꽃은 시드나
우리 하나님의 말씀은
영영히 서리라

사 40:8

December. 1
부서져야 합니다

곡식이 먹기 좋은 빵이 되려면 갈려야 합니다(사 28:28).

달콤한 포도주를 얻으려면 포도가 깨지고 터져야 합니다. 곡식의 낟알이 땅에 떨어져 죽어야 비로소 거기서 많은 알곡이 열립니다(요 12:24). 새 건물을 건축하려면 먼저 헌 건축물을 헐어버려야 합니다.

우리도 자기 자신에 대해서 철저하게 죽어야 합니다. 야망과 욕심과 정욕과 교만과 죄에 대해서 죽어야 비로소 내 안에 계신 그리스도가 세상에 드러납니다. 새 피조물이 되었다고 하는 성경 말씀은 내게 있는 옛것들이 모두 죽어 없어지고 모든 것이 새롭게 되었다는 뜻입니다(고후 5:17).

눈물과 슬픔과 고통이 우리를 종종 짓밟고 갈아버립니다. 그러나 놀라지 마시고 더욱 믿음을 가지세요.

그런 훈련들을 통해서 주님이 쓰실 만한 도구가 됩니다.

December. 2
지혜로운 허비

평균 수명대로 사는 사람이라면 그는 한평생에 옷 입는 것에 1년, 전화 통화에 2년, 화장실에서 3년, TV 시청에 9년을 보낸다고 합니다. 그런데 가장 사랑하는 주님과 보내는 시간은 겨우 0.6년(약 7개월)에 불과하다고 하니 놀라지 않을 수가 없습니다. 또한 미국은 1995년에 폐기된 무기 프로그램에 무려 320억 달러를 허비했었다고 합니다.

당신은 시간과 재물을 어떻게 사용하고 있습니까? 하나님이 주신 귀한 자원들을 허비하지는 않습니까?

베다니의 마리아는 가장 귀한 것을 주께 드렸습니다. 그것은 세상의 눈으로 볼 때 엄청난 낭비였습니다(막 14:3-5). 그렇지만 그것은 자신을 위해서 하늘에 보화를 쌓는 가장 '지혜로운 허비'였습니다.

주님을 위해서 계속 이런 지혜로운 허비를 하십시오.

그것은 내일을 위한 가장 확실한 '투자'입니다.

December. 3
고요함의 힘

우리는 소음이 넘쳐나는 세상에 삽니다. 거리에 넘치는 자동차, 큰 음악, 통화, 식당의 그릇 부딪치는 소리, 개들이 짖는 소리 등 소음은 어디서나 우리를 따라옵니다.

깊은 물은 고요하게 흐르고, 무술의 고수는 떠벌리지 않습니다. 고요하다는 것은 지배하지 않거나 활동하지 않는 것이 아닙니다. 거대한 우주의 고요함을 생각해 보십시오. 밤의 고요함은 재충전의 근원이 되고, 겨울의 고요함은 재탄생의 모판이 됩니다.

"… 잠잠하고 신뢰하여야 힘을 얻을 것이거늘…"(사 30:15).

고요한 마음으로 주님을 앙망하는 것이 힘과 지혜를 얻는 원천이 됩니다.

마음을 고요하게 하여 쉼과 힘을 얻으십시오.

December. 4

목적이 이끄는 삶

며칠 전 흥미 있는 비디오를 보았습니다. 리포터는 거리의 행인들에게 그들의 삶의 목적이 무엇이냐고 질문했습니다. 많은 사람들이 "잘 모르겠다." "분명치 않다." "그런 건 생각해 보지 않았다." "성공하고 잘 살려는 것?" "행복하고 재미있게 사는 것?"이라고 대답했고 어떤 사람은 어깨를 으쓱하더니 머쓱한 미소만 지었습니다.

성경은 아무도 자기를 위하여 살거나 자기를 위하여 죽는 자가 없다고 말합니다(롬 14:7).

사도 바울은 죽든지 살든지 자기 몸에서 그리스도가 존귀하게 되기를 바라면서 그에게 사는 것이 그리스도이니 죽는 것도 유익하다고 말했습니다(빌 1:20-21).

삶의 목적에 대해서 진지하게 생각해 보았습니까? 왜 사는지 모르면 의미 있는 삶을 살 수 없습니다.

이 문제를 다시 한 번 깊이 생각해 보십시오.

목적이 이끄는 삶은 훨씬 더 보람되고 열정적입니다.

December. 5

영원한 단 한 가지

세상의 모든 것은 일시적입니다. 패션? 세상에서 가장 빨리 변하는 것 중에 하나겠지요. 사람들은 항상 새로운 스타일을 찾아 나섭니다. 웃음? 얼마 동안 행복할 수 있지만 잠시 후에는 감쪽같이 사라져 버립니다. 쾌락? 영원한 쾌락이 있습니까? 어떤 때는 흥분이 슬픔이 되기도 합니다. 슬픔? 그것도 왔다가 갑니다. 영원한 슬픔은 없습니다. 사람? 와서 머물다가 결국은 떠납니다. 눈물, 노래, 사랑, 미움도 잠시뿐입니다.

오직 하나님의 말씀만 영원합니다.

"풀은 마르고 꽃은 시드나 우리 하나님의 말씀은 영원히 서리라"(사 40:8).

일시적인 세상을 위해서 살지 말고 영원한 말씀을 위해서 살아야겠습니다.

December. 6
더 참아 기다리십시오

기다리는 것은 간혹 게으르거나 수동적으로 보입니다. 사실 기다리는 것이 무엇을 하는 것보다 더 어렵습니다. 나무에서 과일을 얻으려면 오래 기다려야 합니다. 너무 일찍 따면 덜 익어서 시고 맛이 없습니다. '시간이 약'이라는 말을 경험할 때가 많습니다. 조바심 내지 말고 기다리라는 의미겠지요. 하나님의 목적에는 정한 때와 시간이 있습니다. 우리는 하나님을 기다리는 법을 배워야 합니다. 하나님은 한 번도 늦으시거나 서두르신 적이 없습니다.

"여호와 앞에 잠잠하고 참고 기다리라…"(시 37:7).

"믿음이란 무엇인가? 하나님이 지체하시는 동안 그는 결코 늦거나 너무 오래 지체하지 않으신다는 것을 알고 기다리는 것이다"라는 A.B. 심슨 목사님의 말이 큰 깨달음을 줍니다.

오늘 할 일을 열심히 하면서 믿음으로 주님을 기다리십시오. 주님은 우리를 위하여 주의 일을, 주의 때에 꼭 하십니다.

December. 7
얼마를 내야 합니까

양심기금(Conscience Fund)이라는 것을 아시나요? 미국 정부에 내야 할 세금이나 납부금을 속였거나 훔친 사람이 자원해서 내는 돈으로 유지되는 미국 재정부의 한 기금입니다. 이 기금은 1811년에 처음 시작되어 첫 해에 5달러가 들어왔고, 그 후 175년 동안 570만 달러가 입금되었습니다. 여기에 낸 기부금은 세금 면제가 되지 않습니다.

양심은 하나님께서 우리 안에 두신 체크 시스템 중 하나입니다. 그리고 성경은 선한 양심을 가지라고 말합니다(딤전 1:19). 어떻게 하면 정결하고 선한 양심을 가질 수 있을까요? 선행을 더 하고, 교육을 더 받고, 법을 지키면 가능한가요?

"그리스도의 피가 어찌 너희 양심을 죽은 행실에서 깨끗하게 하고 살아 계신 하나님을 섬기게 못하겠는가?"(히 9:14).

그렇습니다. 예수님의 보혈만이 우리의 불의와 죄를 씻어줍니다. 주의 보혈에는 세탁 능력이 있습니다.

우리의 잘못들을 자백하고 깨끗함을 받아 오늘도 흠 없고 선한 양심으로 삽시다.

December. 8
가장 안전한 곳

1968~69년에 미군이 경상도 지역에 매몰한 고엽제가 심각한 문제로 떠오르고 있습니다. 고엽제는 월남 전쟁 때 미군이 군사작전의 일환으로 숲을 제거하기 위해서 살포했던 제초제입니다. 1그램으로도 2만 명을 죽일 수 있을 정도로 독성이 강한 다이옥신을 내포한 독극물입니다. 다이옥신에 노출되면 폐암, 후두암, 당뇨 그리고 생식 기능 등에 심각한 후유증을 일으킵니다.

다이옥신보다 인류에게 더 해로운 것이 있습니다. 바로 인간을 파괴하고 영원한 저주를 가져오는 죄입니다. 죄는 인간의 모든 문제와 죽음을 불러일으킵니다. 죄 문제에는 단 한 가지 해법밖에 없습니다. 예수 그리스도의 죽으심과 부활입니다.

"너희가 회개하고 돌이켜 너희 죄 없이 함을 받으라"(행 3:19).

주님은 빽빽한 구름과 짙은 안개와 같은 우리 죄를 예수 그리스도의 보혈로 말끔히 씻어주십니다(사 44:22).

우리를 구속하신 주님께 돌아오십시오. 그곳에서 안전과 보호를 찾으십시오.

December. 9
분노도 울음도 다 지나간다

눈물을 피하지 못할 때가 있습니다. 건강을 잃거나 사랑하는 사람을 잃었을 때, 실패하거나 배신당했을 때, 그때 흐르는 눈물은 마치 끝이 없는 것처럼 보입니다. 눈물의 시간을 통과하기가 너무 힘겹습니다. 그러나 더욱더 주님의 말씀을 기억하십시오.

"그의 노염은 잠깐이요 그의 은총은 평생이로다. 저녁에는 울음이 깃들일지라도 아침에는 기쁨이 오리로다"(시 30:5).

밤이 끝없이 계속될 수는 없습니다. 어둠은 영원히 있지 못합니다. 그런 것들은 새벽빛에 다 몰려나갑니다. 주님을 기뻐하는 것이 언제나 우리의 힘입니다.

이 약속을 붙잡고 오늘도 강건하게 서십시오.

December. 10

임플란트는 영원합니다

치과에서 임플란트를 하는 이들이 많습니다. 없어진 치아를 대치하여 진짜와 똑같이 보이는 티타늄을 소재로 하여 잇몸에 심는 것이지요. 아직은 수술비용이 많이 드는 편이지만 그래도 치아와 거의 비슷한 효과를 주기에 많은 이들이 임플란트를 하고 있습니다.

하나님의 말씀을 마음에 임플란트하셨나요? 믿음의 뿌리가 바르고 깊게 자라고 있습니까?

"마음에 심어진 말씀을 온유함으로 받으라"(약 1:21).

하나님의 살아 있는 말씀을 마음에 깊게 심으십시오. 매일 그 말씀을 읽고 묵상하고 그 말씀대로 사십시오. 그 말씀이 우리의 길을 인도하고 지혜와 힘을 주며, 우리의 잘못된 생각과 행동을 고쳐줍니다.

주의 말씀을 더 깊고 강하게 임플란트하십시오.

그건 절대로 뽑히지 않고 영원합니다.

December. 11
속사람 노화 방지

많은 사람들이 늙지 않으려고 애를 씁니다. 그래서 항노화 관련 사업이 호황을 누리고 있습니다. 그와 함께 외과수술, 각종 크림, 운동, 스킨케어, 약품, 음식 등 많은 방법이 개발되었습니다.

"나이는 마음의 상태일 뿐이며 늙는 것은 얼마든지 치료가 가능하다"는 말도 있습니다. 그래서 할 수만 있으면 갖은 방법을 동원해서 동안을 유지하려고 합니다. 그러나 나이가 들고 늙어 가는 것을 피할 사람은 없습니다. 그보다 우리의 영혼이 더 새로워지는 것이 필요합니다.

"그러므로 우리가 낙심하지 아니하노니 우리의 겉사람은 낡아지나 우리의 속사람은 날로 새로워지도다"(고후 4:16).

겉사람이 늙어 보이지 않으려고 수고하기보다 속사람이 날로 더욱 새로워지도록 힘씁시다.

December. 12

시험을 치르고 있습니까

시험 치르는 것을 좋아하는 사람은 별로 없습니다. 긴장되고 떨리고 걱정이 됩니다. 그렇지만 무엇을 배우고 안다는 것을 확인하려면 반드시 시험을 치러야 합니다.

먹을 것이 없는 광야에 많은 사람들이 모였습니다. 늦은 저녁 시간이어서 모두 배가 고팠습니다. 그때 예수님이 이 문제에 대해서 빌립을 시험하셨습니다.

"이렇게 말씀하심은 친히 어떻게 하실지를 아시고 빌립을 시험하고자 하심이라"(요 6:6).

주님은 이미 그가 어떻게 할 것인지 알고 계셨습니다. 콩고 원주민들의 말 가운데 이런 표현이 있습니다. "우리 삶의 왜, 언제, 어디서, 어떻게는 모두 하나님 손에 달렸다."

지금 어떤 심각한 문제에 봉착해 있습니까? 예수님은 우리가 이 문제를 어떻게 처리할지 보고 계십니다. 지금 겪고 있는 부담스러운 시험은 우리가 주님을 정말 사랑하는지를 확인할 수 있는 좋은 기회입니다. 시험을 치르면서 당황하거나 두려워하지 마십시오. 우리가 신뢰할 예수님이 바로 거기 계십니다.

December. 13
안내서 바로 알기

전자 제품을 사면 그 안에 안내서가 있습니다. 그것은 제품의 사용법에 대해서 자세히 설명해 줍니다. 안내서를 세심하게 읽어야 제품의 모든 기능을 잘 활용할 수 있는데 그것을 읽지 않아서 제품을 최대한도로 사용하지 못합니다.

성경은 신앙생활을 안내하는 최선의 안내서입니다. 우리를 창조하시고 우리 삶의 길을 잘 아시는 하나님이 직접 그 안내서를 쓰셨습니다(딤후 3:16).

그러므로 하나님의 안내서인 성경을 모르면 그리스도인은 성공적인 삶을 살 수가 없습니다.

많은 이들이 성경을 부지런히 읽지 않고 말씀에 순종하지 않기 때문에 하나님의 놀라운 약속들을 놓치고 삽니다.

"예수께서 대답하여 이르시되 너희가 성경도, 하나님의 능력도 알지 못하는 고로 오해하였도다"(마 22:29).

성경을 매일 더 주의 깊게 읽고 묵상하십시오.

그러면 하나님의 인도하심과 발걸음을 잃지 않습니다.

December. 14

성공의 비결

우리는 성공에 목이 타는 사회에 살고 있습니다. 가진 것이 없는 사람은 가지려고 애쓰고 가진 사람은 더 가지려고 수고합니다. 부자가 되는 길과 성공의 비결을 가르치는 수백 가지의 세미나와 잡지와 영상이 있습니다.

그들은 우리에게 공격적이고 적극적으로, 그리고 더 강력하게 동기부여를 받아 밀고 나아가라고 말합니다. 그런데 실제로 그런 아이디어로 성공한 이들은 별로 없고 다만 강사들만 더 많은 돈을 거둬들이는 것으로 보입니다.

여기 하나님이 가르쳐 주시는 확실한 성공의 비결이 있습니다.

"하나님의 능하신 손 아래에서 겸손하라. 때가 되면 너희를 높이시리라"(벧전 5:6).

이것은 세상의 방법과는 확연히 달라 보입니다. 그렇지만 이것이야말로 하나님의 약속입니다. 척 스미드 목사는 이런 성공 공식을 제안했습니다.

"복종 + 겸손 - 염려 = 만족과 하나님이 기뻐하시는 성공"(벧전 5:5-7).

정말 성공하고 높아지기를 원하면 하나님이 알려 주신 공식대로 겸손하게 따라갑시다.

December. 15
나는 괜찮습니다

나는 아플 수 있습니다. 그래도 주님이 치료자시니 나는 괜찮습니다.

나는 무명씨일 수 있습니다. 그래도 주님이 알아주고 인정해 주시니 나는 괜찮습니다.

나는 경제적으로 쪼들릴 수 있습니다. 그래도 주님이 공급자시니 나는 괜찮습니다.

나는 약할 수 있습니다. 그래도 주님이 힘이 되시니 나는 괜찮습니다.

나는 외로울 수 있습니다. 그래도 주님이 나와 함께 계시니 나는 괜찮습니다.

나는 예상치 못한 때에 죽을 수도 있습니다. 그래도 주님이 나의 영생이시니 나는 괜찮습니다.

주님이 변함없는 나의 선한 목자이시니 나는 아무래도 괜찮습니다.

이것이 오늘과 내일을 위한 나의 고백이며 기도입니다.

December. 16

우리를 죽이는 독성 식품

중국의 공영 웹사이트의 보고에 따르면 중국에는 55종 이상의 독성 식품이 나돌고 있습니다.

매일 먹는 쌀, 밀가루, 채소, 고기, 계란을 비롯하여 과일, 각종 양념 재료들 속에도 독성이 들어 있습니다. 멜라닌 색소가 든 가루우유 때문에 아기 여섯 명이 사망하기도 했지요. 돼지고기에 마약성분이 들어 있기도 하고, 오래된 빵을 새 빵처럼 보이게 하려고 사카린을 넣거나 물감을 들인 것도 있고 독성이 든 채소도 많습니다. 몇 푼의 이익을 위해서 독극물로 사람들을 소리 없이 죽이고 있습니다.

사탄 또한 오래전부터 '독성의 우유'를 퍼뜨리고 있습니다. 조작된 논리로 가득한 치명적인 거짓말을 항상 조심하십시오.

"우리는 수많은 사람들처럼 하나님의 말씀을 혼잡하게 하지 아니하고…"(고후 2:17).

하나님의 '순전하고 신령한 젖'만 사모하십시오.

주님의 살아 있고 거룩한 말씀으로 분별력 있게 성장하십시오.

December. 17

홀로 있을 때

홀로 있을 때 주의 음성을 듣고 그의 인도를 받습니다.

야곱은 두려운 밤을 홀로 지내면서 하나님으로부터 약속을 받았습니다. 모세는 산 위에서 홀로 있을 때 불타는 떨기나무를 보았습니다. 이사야도 성전에 홀로 있을 때 하나님의 환상을 보았습니다. 요한은 밧모섬에 홀로 있을 때 종말에 대한 환상을 보고 음성을 들었습니다.

예수님은 많은 밤을 아버지와 함께 홀로 지내시면서 십자가를 지고 고난의 길을 가셨습니다.

홀로 있는 것을 두려워하지 마십시오.

하나님과 홀로 있는 때가 들을 수 없는 그의 음성을 듣고 보이지 않은 손의 인도를 받는 가장 좋은 시간입니다.

December. 18
약해도 쓸모 있게

위대한 음악가는 악기가 좋지 않아도 감동적인 음악을 연주할 수 있습니다. 위대한 서예가는 붓이 좋지 않아도 멋진 글씨를 쓸 수 있습니다. 위대함은 악기나 도구에 달려 있는 것이 아니라 연주자의 손에 달려 있습니다.

약하고 재능과 지혜도 없어서 실망할 때가 있습니까? 다음 두 사람의 큰 차이를 생각해 보십시오.

아이디어와 재능이 많은데 하나님의 도움이 없는 사람과 재능과 은사도 별로 없지만 늘 하나님의 도움을 받는 사람의 차이 말입니다.

"하나님께서 세상의 천한 것들과 멸시 받는 것들과 없는 것들을 택하사 있는 것들을 폐하려 하시나니 이는 아무 육체도 하나님 앞에서 자랑하지 못하게 하려 하심이라"(고전 1:28-29).

하나님은 약하고 부족한 우리 같은 사람들을 통해서도 위대한 일을 하실 수 있는 놀라운 예술가이십니다. 아멘!

December. 19
웃게 하시는 하나님

늙은 아브라함과 그의 아내 사라에게는 자녀가 없었습니다. 그러던 어느 날 뜻밖에 천사로부터 놀랄 소식을 들었습니다. 하나님이 그들에게 아들을 주신다는 말씀이었습니다.

"사라가 속으로 웃고 이르되 내가 노쇠하였고 내 주인도 늙었으니 내게 무슨 즐거움이 있으리요?"(창 18:12).

그것은 하나님의 말씀에 대한 불신의 웃음이었습니다.

그런데 약속대로 정말 아들을 얻었고 그 이름을 이삭이라고 했습니다. 이삭은 웃음이라는 뜻을 가지고 있습니다.

"사라가 이르되 하나님이 나를 웃게 하시니 듣는 자가 다 나와 함께 웃으리로다"(창 21:6).

이것은 하나님의 말씀에 대한 기쁨의 웃음이었습니다.

하나님은 우리의 불신과 슬픔과 어려움을 기쁨과 감사와 평안으로 바꾸실 수 있습니다.

하나님은 우리를 웃게 하시는 분입니다.

December. 20
마음이 가난한 자가 바라는 것

그리스도인과 불신 세상의 차이는 무엇인가요? 여러 대답이 있겠지만 "그가 무엇을 바라는가?" 하는 것입니다.

세상은 더 부유하고 더 높고 더 크기를 바라지만 진실한 그리스도인은 마음이 가난한 자가 되기를 바랍니다. 세상은 자기만족, 자기확신 그리고 지위나 돈을 귀중히 여기지만 그리스도인은 주님으로 만족하고 주님께만 신뢰를 둡니다.

우리는 이 세상이 잠시 머무는 여관과 같다고 생각하며, 훨씬 더 좋고 영광스러운 집을 향해 가는 나그네입니다.

"사랑하는 자들아, 거류민과 나그네 같은 너희를 권하노니 영혼을 거슬러 싸우는 육체의 정욕을 제어하라"(벧전 2:11).

나의 삶에서 가장 가치 있게 여기는 것은 무엇인가요? 삶의 목적과 기쁨과 방향이 세상과 다릅니까?

"주 예수보다도 귀한 것이 없다"고 고백할 수 있어야 참되신 하나님의 자녀가 아닐까요?

December. 21
부유하신 하나님

우리 하나님은 자원이 넉넉하고 제한이 없으십니다. 그 하나님이 우리를 사랑하시고 돌봐 주십니다. 맑은 밤하늘에 가득한 별을 보고 감탄한 적이 있습니까? 하나님이 그 별들을 다 만드시고 거기 두셨습니다. 넓고 깊은 바다 밑을 보고 놀란 적이 있습니까? 그곳에는 수많은 아름다운 물고기와 산호초가 있습니다. 따뜻한 봄날 들판을 덮고 있는 이름 모를 야생화들, 그 표현할 수 없는 아름다움을 기억하십시오.

무엇보다도 우리에 대한 하나님 사랑의 깊이와 넓이와 길이와 높이를 잊지 마십시오.

우리는 그런 부유하신 하나님의 자녀입니다. 결코 불안하여 당황하거나 실망하지 마십시오. 어떤 상황에서든지 염려를 주님께 맡기십시오. 그리고 그의 넉넉한 은혜와 그치지 않는 공급 가운데 사십시오.

December. 22
이미 불탄 십자가의 은혜

나치 수용소에서 살아남은 코리 텐 붐 여사의 말은 주님의 고난에 감사하게 합니다.

"산불이 났을 때 불이 옮겨 붙지 않는 곳이 있다. 이미 불이 타고 지나간 곳이다. 예수님의 갈보리는 우리의 죄 때문에 하나님의 심판이 이미 떨어진 곳이다. 거기만 우리에게 안전한 곳이다."

우리의 죄로 말미암아 우리가 형벌을 받아야 하는데 그 형벌이 오히려 예수님의 십자가 위에 떨어졌습니다. 주의 십자가는 하나님의 진노로 못자국이 났고 주의 피로 얼룩이 졌습니다. 그래서 주 안에 있는 자는 그 끔찍한 형벌을 면하게 된 것입니다.

"그러므로 이제 그리스도 예수 안에 있는 자에게는 결코 정죄함이 없나니"(롬 8:1).

완전히 타 버린 주의 십자가 덕분에 우리는 심판의 불에서 영원한 용서와 긍휼을 받은 자이니 주의 은혜에 감격하며 기쁘게 살아야겠습니다.

December. 23

오늘의 드레스 코드는 무엇인가

할리우드의 어느 식당은 손님에게 정장을 입을 것을 요구합니다. 반바지나 티셔츠를 입고는 들어갈 수 없습니다. 왕실이나 대통령 관저에 들어가려면 합당한 복장을 해야 하는 것이 당연합니다. 이런 것을 드레스 코드라고 합니다. 한번은 신라호텔에서 한복을 입은 손님이 뷔페식당에 들어가다가 저지를 당했다고 합니다. 한복은 그 호텔의 복장 규정에 맞지 않는다는 것입니다. 다른 손님에게 불편을 주는 '위험한 옷'이라고 말했다는군요.

천국에도 분명한 드레스 코드가 있습니다. 예복을 입지 않으면 입장이 거부됩니다(마 22:12).

"오직 주 예수 그리스도로 옷 입고 정욕을 위하여 육신의 일을 도모하지 말라"(롬 13:14).

예수님을 온전히 믿고 예수 그리스도의 의의 옷을 입어야 천국에 들어갑니다.

오늘도 주의 의로 옷 입고 삽시다.

December. 24
저당 잡히지 마십시오

집을 살 때 대출을 받은 사람들은 집을 은행에 저당 잡히고 매월 일정액을 은행에 지불합니다. 수개월간 납부금을 내지 못하면 은행은 집을 압류합니다.

마틴 로이드 존스 목사님은 "당신의 미래를 저당 잡히지 말라"고 말했습니다. 우리는 오늘 너무 많은 염려 때문에 내일을 저당 잡힙니다. 성공을 위해서 자기의 생명을 저당 잡히거나 부자가 되느라 소중한 영혼을 저당 잡히는 이들도 있습니다.

"그러므로 내일 일을 위하여 염려하지 말라. 내일 일은 내일 염려할 것이요 한 날의 괴로움은 그 날로 족하니라"(마태 6:34).

걱정 없는 사람은 아무도 없지만 그 걱정을 하나님께 맡긴 사람과 항상 자기가 짊어지고 다니는 사람은 다릅니다. 오늘도 모든 염려를 주님께 맡기고 내게 주어진 일에 부지런하고 충실하십시오.

나의 삶을 하나님께 의탁한 사람이 복됩니다.

December. 25

향수로 덮을 수 없는 것

캐나다의 노바 스코티아 할리팩스 지역에서는 학생이 향수를 쓰는 것이 금지되어 있답니다. 몸 냄새를 제거하는 탈취제를 사용했다가 10여 명의 학생이 정학을 당하기도 했습니다.

2008년도에 미국 디트로이트에서는 직장 동료에게서 향수 냄새가 나는 것이 괴롭다고 법원에 고소하여 10만 달러를 보상받은 사람이 있습니다.

우리는 향수보다 오래 가는 '향기'를 널리 퍼뜨려야 합니다.

그리스도를 아는 냄새를 각처에서 더 많이 풍겨야 합니다(고후 2:14-15).

복음의 향기, 말씀의 향기, 사랑의 향기, 소망의 향기, 영원한 생명의 향기를 금할 법은 없습니다.

가정과 직장은 물론이고 우리가 있는 곳마다 아름다운 향기가 더 확산되기를 원합니다.

December. 26

부지런한 심부름꾼

어릴 적에는 자주 심부름을 했습니다. 반찬거리나 약을 사오는 간단한 일들이었지요. 서울에는 '퀵 서비스'가 있습니다. 군대에서는 전령이 심부름을 하고, 우체국이나 여러 사설 업체에서도 신속하게 우편물을 전달합니다.

로마서는 뵈뵈 자매가 로마에 전달했습니다. 빌립보서는 에바브로디도를 통해서 전달되었고, 골로새서, 에베소서, 빌레몬서는 두기고와 오네시모를 통해서 전달되었습니다.

주님은 우리에게 복음을 맡기셨습니다. 품고만 있으라는 것이 아니라 전달하라는 것입니다.

"좋은 소식을 전하며 평화를 공포하며 복된 좋은 소식을 가져오며 구원을 공포하며 시온을 향하여 이르기를 네 하나님이 통치하신다 하는 자의 산을 넘는 발이 어찌 그리 아름다운가" (사 52:7).

우리에게 맡겨진 중요하고 시급한 것을 아직도 그냥 지니고만 계십니까?

그것을 받아야 할 이들에게 속히 전합시다.

매일 부지런한 복음의 심부름꾼이 되십시오.

December. 27
쓸모없는 약함

♥

스펄전 목사님은 종종 사단의 속삭임을 들었답니다. "너는 별 쓸모없는 존재라는 걸 알아라."

그런 생각이 들 때마다 사단에게 그는 이렇게 대꾸했답니다. "그래. 난 별 쓸모가 없다. 그래도 주님이 날 사랑하신다."

우리도 자신을 돌아보면서 이런 생각이 들 때가 있습니다. '나는 믿음이 정말 없구나! 이런 믿음으로 무엇을 할 수 있을까?' 그럴 때마다 이렇게 생각을 바꾸십시오. '그래, 난 약하다. 약하니까 매 순간 주님을 의지한다.'

사도 바울은 간질과 만성 위장병을 앓았다고 합니다. 그 약함이 걸림돌이 되지 않고 오히려 디딤돌이 되었습니다.

"내가 약한 그 때에 곧 강함이라"(고후 12:10).

스스로 서 있다고 자랑하는 것이 더 위험합니다. 약하고 부족하기 때문에 더 주님께 매달립니다.

우리의 부족함과 약함이 주를 더 의지하는 확실한 디딤돌이 되게 하십시오.

December. 28
모두가 살 수 있는 방법

세계적으로 식량 부족이 심각합니다. 인구는 이미 70억 명이 넘었는데 이상기후, 자연재해, 유가 상승, 토지와 대양 오염, 국가 간의 갈등 등으로 약 10억 명이 굶주리고 있는 것입니다. 실제로는 생산이 소비보다 많습니다. 그런데 수급불균형, 독재정치, 내란 등의 이유로 굶어 죽는 인구가 증가하고 있는 것입니다. 나라들이 식량을 서로 나눠야 세계 식량 위기를 이겨 낼 수 있습니다. 영적인 기갈과 기근도 못지않게 심각합니다. 세계적으로 기독교인의 비율이 현저히 감소하고 있습니다.

"…양식이 없어 주림이 아니며 물이 없어 갈함이 아니요 여호와의 말씀을 듣지 못한 기갈이라"(암 8:11).

설교와 종교 서적은 흔하지만, 순전한 그리스도의 복음이 많지 않습니다. 갓난아이처럼 순전하고 신령한 영혼의 양식을 사모하십시오(벧전 2:2). 예수 그리스도를 깊이 믿어 생수의 강이 흘러넘치게 하십시오(요 7:38).

이 생명의 복음을 목마른 이웃과 나눕시다. 이것이 우리 모두가 살길입니다.

December. 29

여호와는 나의 목자시니

♥

여호와는 우리의 목자시고 우리는 그분의 양입니다. 광활한 하늘과 땅을 만드시고 수많은 별들과 넓은 대양을 만드신 그 하나님이 우리의 목자십니다.

우리의 죄를 대신 지시고 십자가에서 피 흘려 죽으셨지만 사흘 만에 무덤에서 일어나 다시 사셔서 지금도 때마다 일마다 우리를 도우시는 그 주님이 우리의 목자십니다. 목자가 양들을 책임지는 것이지 양이 목자를 책임지지 않습니다.

그런데 우리는 왜 오늘에 대한 염려가 많고 전혀 알 수 없는 내일까지 두려워할까요?

"여호와는 나의 목자시니 내게 부족함이 없으리로다. 내가 사망의 음침한 골짜기로 다닐지라도 해를 두려워하지 않을 것은 주께서 나와 함께 하심이라"(시 23:1, 4).

우리를 풍성하고 안전한 곳으로 인도하시고 우리의 삶을 책임져 주시는 주님을 바라봅시다.

December. 30

진정한 회개

〈LA 타임즈〉의 한 필자는 '미국에서는 스캔들을 일으킨 사람도 너무 쉽게 용서하고 잊어버린다'라고 썼습니다. 특히 그가 유명인사라면 심각한 스캔들을 저지른 후에도 얼마 후에 다시 공적인 자리에 나서는 등 오히려 이전보다 더 유명세를 타기도 합니다.

죄를 범한 자의 진정한 회복에는 언제나 진실한 회개와 통회가 있어야 합니다. 회개 없는 구원과 축복을 너무 많이 말해서 종종 그리스도의 십자가가 '값싸' 보입니다.

회개 없는 믿음은 가짜이고, 책임 없는 사랑은 장난이며, 사랑 없는 봉사는 부담이고, 지식 없는 열심은 위험할 뿐입니다. 경건함이 없는 신앙은 사이비고, 지옥을 부인하는 천국은 이단입니다.

"여호와는 마음이 상한 자를 가까이 하시고 충심으로 통회하는 자를 구원하시는도다"(시 34:18).

December. 31
무엇이 못 박혔나요

"내가 그리스도와 함께 십자가에 못 박혔나니"(갈 2:20).

나의 무엇이 예수님과 함께 십자가에 못 박혔습니까? 자주 솟구치는 혈기가 십자가에 못 박혔나요? 드러나지 않는 야심, 더 크고 높아지려는 욕심, 부끄러운 육신의 욕구도 십자가에 죽었습니까? 은근히 자신을 드러내는 교만은 어떻습니까? 자아와 나의 모든 것이 예수님과 함께 십자가에 못 박혀 죽은 것을 확인해야 주님과 함께 죽은 것입니다. 그래야 비로소 우리는 거듭난 믿음으로 살 수 있습니다.

죽지 않은 것들 때문에 가정과 직장과 인간관계에서 우리는 종종 갈등하고 다투고 마음에 쉼이 없습니다.

"그리스도 예수의 사람들은 육체와 함께 그 정욕과 탐심을 십자가에 못 박았느니라"(갈 5:24).

우리 안에 예수님이 온전히 사시게 하십시오.

내 자아가 죽어야 주님의 성품과 마음이 드러납니다.